芸能人寛容論

テレビの中のわだかまり

武田砂鉄

青弓社

芸能人寛容論——テレビの中のわだかまり

目次

イラスト＝ハセガワシオリ
装丁＝川名潤（prigraphics）

まえがき

芸能人について、次から次へと好きか嫌いか問われても、「いや別に、どちらでもない」と保留したくなるはずで、気乗りしないその状態はまったく正しい。その人たちのことをいちいち考えようとしない。そんな余裕なんてない。他にやることがいくらでもある。ＥＸＩＬＥ方面が飽きもせずに繰り返すハイタッチ、ファンキー加藤の歌詞に貫かれている一途な想い、相変わらず浅田舞が真央の話を小出しにする状況、そんなものをじっくり考えている余裕が私たちにはない。だからひとまず受け止める。でも、そんな「ひとまず受け止める」という保留を、彼らは「ようやく受け入れてくれた」と理解する。困った事態である。

このところ、殺伐とした世相を見定める論考のなかで、フランスの哲学者ヴォルテールが残したとされる名言「君の意見には反対だが、君が自分の意見を言う自由は命を懸けて守る」を頻繁に見かける。不寛容な社会が広がっているから、彼の著書『寛容論』から学んでみよう、というわけ。それは確かにそうなんだけど、実際のところは、反対してくる誰かは、こっちの意見を言う自由を命懸けで守ってくれようとはしない。やっぱり寛容が生まれない。

今、芸能人は、SNSなどを駆使して、自分のことを好きでいてくれる人を必死に取り囲む。味方を増やそうとしすぎると、味方以外からはすっかり罵られやすくなる。心酔や寵愛で潤っている表面を剝がすと、そこにはいくつもの不寛容がこびりついていて、火を放つとたちまち燃えさかる。彼らの多くはそれに怯えている。

本来、芸能人に対する思いなど「いや別に、どちらでもない」のまま据え置きにしておけばいいのだけれど、その「どちらでもない」という中間がどうにも見えにくくなった。本書は、テレビを見ていて感じた芸能人へのわだかまりを、じっくり炙って可視化し、精いっぱい受け止める。頼まれてもいないのに、力の限りで寛容する。寛容するための道中で、少々の誹謗や肉厚な皮肉を放射する場合も少なくない。誰からも要請されていない行為なのだが、私たちが可視化と考察を怠るから、軽部アナが今日もまた蝶ネクタイをつけているのだし、もう二〇一六年なのに神田うのを見かける。テレビの中のわだかまりを、必死に寛容してみた。

やっぱりEXILEと向き合えないアナタへ

年末年始くらいかなぁ、テレビで音楽番組をダラダラ見るのなんて、という人は、急性エグザイル中毒を起こしやすい。慣れない体に一定期間に集中してあの光景を与えると、耐性がない体の血中エグザイル濃度が突如上がり、判断機能が麻痺してしまう。多くの人は、麻痺を必死に振り払うように、「あんなホストみたいな連中が今のJ－POP界のトップに君臨しているだなんて……」と片づけにかかるのだが、それはさすがに無礼だと思うのである。安定供給されすぎて食傷気味のマイルドヤンキー論や地方都市考察の代名詞的にＥＸＩＬＥを登場させるのはテッパンだが、あの軍団の野心はそもそもディスカッションをするテーブルには着かずに、エアロバイクを漕いで漕いで筋肉をつけまくることを一義に根を張っているわけで、考えれば考えるほど考えた側の一方通行になり、筋力に乏しいこちらはたちまち疲れ果ててしまう。ＥＸＩＬＥとその構成員を外野から見つめることは思いのほか難しい。だからといって「体が

歌手が悲しい歌を歌うのは
その歌手自身が
悲しいからとは限らない

受け付けない」という反応を、一丁前の理由として走らせるだけではいけない。EXILEよりは若くて爽やか、濃度がやや薄めで飲み込みやすい三代目J Soul Brothersを考察するのがトレンドなのは自覚しているが、あえてEXILEに終始してみたい。

東日本大震災以降の「絆産業」というか「立ち上がろう産業」というか、スローガン重視のプロジェクトのいくつかには彼らの名前があった。彼らの代表曲の一つ「EXILE PRIDE」のサブタイトルは「こんな世界を愛するため」だ。こんな世界ってどんな世界なの、という子供じみた設問をディスカッションのテーブルに持ち込んではいけない。繰り返すが、彼らは議論の場には登場せずにエアロバイクを漕いでいる。この文章、ファンの方はさぞかしお怒りになるだろう。しかし、怒りを煽るためにこう書いているのではない。EXILEが構築する「集団・族・TRIBE」の肝は「外からは何も言わせねぇよ感」にあって、それが限られた縦社会の身体性だけで育まれていく以上、突っ込む手段をもてないのである。何かと「身体性」の分析ですまそうと試みる学者とは異なり、彼らの場合は分析するまでもなくすべての行動が身体性ですまされている。だから、議論が抜本的に封殺される。

強面のお兄さんたちなのだが、暴力の匂いがしない。「暴力団」から「暴力」を引くと「団」になる。その「団」にこれまでにない史上最大の厚みを持たせているのが、彼らが口をそろえて言う「最高のエンタテインメントの追求」ということになるだろう。EXILEが放つヤンキー臭には他団体と抗争するピリピリムードが漂わない。分裂が存在しない。よって暴力も介在しない。

ここ最近、ソロ活動も盛んなボーカルのＡＴＳＵＳＨＩ。彼はＥＸＩＬＥの「外からは何も言わせねぇよ感」を定めてきた、優しい笑顔の外交マンだ。どんなカバーソングを歌おうとも、自分の持ち歌のようにスムーズに情感を込めていく圧倒的な歌唱力。「ふるさと」などの唱歌を歌い上げながら、イメージとしての「故郷」へのアプローチをはじめ、その過程で久石譲や瀬戸内寂聴といった「いわゆる大物」な人たちとしっかりつながっていく。この外交で培った「何も言わせねぇよ感」をみんなの畑に持ち帰り、植え、育て、グループ全体の作物を豊かに実らせていく。ざっくばらんなバラエティに出ればその確率百パーセントで持ち出されてきた「サングラスを外すと優しい顔をしている」に端を発するチャーミングさも、彼らの「何も言わせねぇよ感」の備蓄に活かされる。

ＥＸＩＬＥ一族のツアーにＡＴＳＵＳＨＩが参加しない意向を明らかにした際、脱退かと騒ぐ周囲を火消しするようにウェブサイトにメッセージを発表した。これからもＥＸＩＬＥのツアーには必ず参加するとし、「ファンの皆さんに……／そして日本に……／夢と愛のあふれるエンタテインメントを／愛を感じられる歌を／真心のこもった活動を／一生懸命お届けしていきますので、／これからもどうか応援よろしくお願いいたします」と書いた。謝罪のスケールがでかい、同調のスケールもでかい。このコメントの「ファン」を「国民」に、「エンタテインメント」を「政治」に、「歌」を「我が国」にでも変換すれば、それがたちまち（自民党保守派の）選挙演説に様変わりする。余計なことを言わない、とにかく徹底的に一致団結を促す。どこぞの政治家のように調子づいた失言で信頼を損ねることはない。慎重に選ばれた言葉だけを使い、確かな一致団結だけを呼び込み続ける。

自身の冠番組などで頻繁に見かけたシーンなのだが、ＥＸＩＬＥ系統の集団は、ウケる時、何かと立ち上がって大げさに手を叩く。その笑いを共有するためなのか、メンバー同士でハイタッチすることが多い。所属事務所ＬＤＨには「笑う時には、みんなで笑おうよ」という教育方針でもあるのだろうか。ＥＸＩＬＥは笑いでさえ、個人が発生させたものを全体で認め合うというスタイルをとる。絶対的な忠誠心が前提となっているので、強制は芽生えない。彼らはハイタッチにも上下関係を持ち込んでいて、先輩とハイタッチする後輩は、頭を下げながら、ハイタッチする手にもう片方の手を添える。じゃあしなきゃいいのに、という正論は、ここでもやはり、エアロバイクの音にかき消される。

アドラー哲学を対話形式で読み解いた岸見一郎・古賀史健『嫌われる勇気』（ダイヤモンド社）がベストセラーになったが、この本に書かれている教えはＥＸＩＬＥメンタリティと相反する。「他者からの承認は、いりません」「自由とは他者から嫌われることである」とするアルフレッド・アドラーは、「皆さんと一緒に〝AMAZING WORLD〟の創造へ。僕らもワクワクしながら、全力で挑戦していきます」（「Official Website」）とするＨＩＲＯとその一族の前のめりとはなじまない。「世界とは、他の誰かが変えてくれるものではなく、ただ「わたし」によってしか変わりえない」とするアドラー哲学は、闇雲な団結でこんな世界を愛そうと一糸乱れぬダンスを踊る集団とは相容れない。連帯から「俺たち」を起動させ続けるＥＸＩＬＥは、「あの人」の期待を満たすために生きてはいけない――」とする「嫌われる勇気」の対極にある。言うならば「嫌われない男気」、どこまでも「HIROの期待を満たすために生きなければいけない――」のだ。MAKIDAIなど古参のメンバーが離脱した時にも、これからも継続的に創造を続けていく決意を述べながら、HIROへの忠誠を継続することを誓った。創造って何だろう。誓わなければ粛清される国家ではないのに、こんなにも平和なのに、意思確認の頻度が高い。

EXILEに向き合うと大きな議題がいくらでもこぼれ出てくる。受け入れられないからといって「あんなホストみたいな連中」で終わらせてはいけない。中国経済のように、そろそろ陰ってきたと言われながらも他と比較すれば拡大路線を維持している状態にあるが、ファン以外のほとんどはその拡大をポジティブに受け止められない状態が続いている。しかし、言葉を使って立ち向かうことはできない。彼らのエンターテインメントの創造のすべてがエアロバイクによる発電でまかなわれている以上、放任するという選択肢しか見つけられない。「身体性」の頂点にあるのが東京オリンピックだとすれば、HIROがオリンピックになにがしか絡もうと試みているわけも読み解ける。自分のなかにある身体性なりに、これは止めなければ、と思う。しかし、エアロバイクを電源から抜く方法が今のところ見つからない。方法、というか、電源の位置すら見当たらない。

ファシズム化する石原さとみの唇

今さら浮上した「オレがキムタクだったら工藤静香とは結婚しない」「じゃあ誰とするんだよ」という議論だけでジョナサン中野坂上店に三時間も居座ったのは一年ほど前のことだ。最終的に誰かは定まらず、むしろ「キムタクだったら大概の女性と結婚できる」という神通力を信じていていいのだろうか、という議論が盛んになってしまった。引き戻すように続いた「誰とするんだよ」論争のなかで、誰からも積極的な推薦を受けていないのに、常に石原さとみが、何人かいる候補の一人として残り続けている状態が続いた。このことは石原さとみの現在を象徴しているのではないかと、ジョナサンからの帰宅後に思った。群を抜いた代表作があるわけでもない彼女の、いつの間にか強固になったスタンダード感はじっくりと論じられるべきではないか。

録画での視聴が増加し、もはや既存の視聴率調査は視聴行動を正確に捉えていないという指

摘が広がっており、録画視聴をカウントに含める「タイムシフト視聴率」の導入が進められている。CMカット機能で録画して自分の見たい番組だけを見ている人と、テレビをつけっぱなしにしている人とでは、石原さとみとの接触頻度が大分異なってくる。彼女はあらゆるCMで、ぶりっ子な振る舞いを強要されている。その強要をキャッチできるのは「テレビをつけっぱなしにしている人」だけだが、次々と投じられるぶりっ子が、つけっぱなしで弛緩しているこちらを捕らえようと積極的に試みてくる。つけっぱなしにしているタイプだけが集った中野坂上のジョナサンで生まれたスタンダード感は、彼女がCMで見せてくる細かな振る舞いの蓄積である。私たちは彼女をしっかり認知するのではなく、見かけているに過ぎない。

強要の例をいくつか挙げてみる。「ちょっと飲んでみ？　間接キッスしてみ？」「冬はこたつで、クールな美女と冷たいロックが最高ですな。〔こたつの下の足を触って〕ちょっと、くすぐんないで〜」（サントリー鏡月）、「愛されフレグランス！　うふっ」（花王フレアフレグランス）、「〔髪を振り乱しながら〕染みてる〜」（ガルボプレミアム）、「あなたの知らない私を見せてあげる」（NTTドコモ）など、石原さとみのCMはこうして、画面の前にいる「あなた」に向かって話しかけてくる。大雑把な論評を躊躇せずに漏らせば、どことなくAV的なのである。

転職サイトのオーソドックスなCMに出始めた石原さとみに違和感を覚えたのは、「こちら」に向かって話しかけずに自分一人で転職活動しているから。この人はいっつもテレビの前の男に向かって話しかけるシチュエーションを与えられてきたのに「本気、だから。」と一人でシューカツに励んでいる。タイムシフト視聴ではこれらの石原の声かけが見えてこない。とはいえ、流しっぱなしのこちらが、その声かけをそのつど受け止めているわけでもない。でも、ジョナサンで議論すれば誰よりもスタンダード化して登場してくる。もはや、石原さとみはサブリミナル化している。こちらの意識ではなく、潜在意識を刺激しているという疑い。放送倫理的には本来アウトだ。

石原さとみの唇がぽってりしていてセクシーという定義は、そのうち国語辞典の【ぽってり】の語句説明に登場するのではないかと思うほど、表現として繰り返し登場する。でも、冷静に問いたい。女性誌やコスメ業界ならまだしも、「ぽってり唇＝女らしい」というテーゼってこれほどまでに市民権を得ていただろうか。初期の石原さとみは太い眉が売りだったが、いつしか唇ぽってりが売りとなり、ぽってりっぷりが、これまたサブリミナルに、女性の魅力を推し量る部位として、ぐいぐい押し上げられている。

三十三歳・男のこちらまで「女性の化粧は唇がポイントだし、肉厚な唇がセクシー」と思っているという底知れない気味悪さと向き合うと、実はそのテーゼってわずかこの数年で培われたものにすぎず、闇雲に世間に広めたのが石原さとみではないかと疑う。製菓業界がバレンタインを仕組んだように、（そんな業界はないだろうが）唇業界が「唇こそ女性のセクシー」を仕組み、そこには石原さとみという絶好のアイコンが用意されていたのではないか。

女性誌の中吊り広告を見ていると、毎号のようにその雑誌の信者に命令しまくっている。五着で着回せ、なんとか痩せろ、肌を乾かすな、今年は黒だ……そういった命令を多量に浴びた上で自分に必要かどうかを仕分けていく。毎月毎月うるせぇよ、と悪態をついた順に雑誌から離れていく。唇まわりのあれこれは、読者を引き留める新たな命令の一つなのだろうか。ファシズムが起動するのはそれを命令だと思わなくなった時であることは長い歴史が証明しているが、今、唇は、もはやそっちのゾーンに入りつつある。何せ、男でさえ「唇が大事」とか思っちゃっているんである。この数年に限れば、そのファシズムを運搬しているキーパーソンは間違いなく石原さとみである。そのポイントは、彼女の存在自体がサブリミナル化していることにある。

二〇一四年秋、住民票を持つ国民一人一人に番号が与えられ、税や社会保障を一元管理するマイナンバーの通知が始まったが、この政府広報CMに起用されたのは上戸彩だった。結局、国民への認知度が低く、プライバシー保護に課題を残したままスタートしたこの制度、政府は上戸彩ではなく石原さとみを起用すべきだっただろう。人気女優にお願いされれば制度を理解してくれるはず、ではなく、彼女がこの数年で培った、あるいは広告代理店に培わされた「サブリミナル」を利用するべきだった。彼女なら、国民を知らぬ間に理解した気にさせることができたはずだ。石原さとみは常に、こちらの無自覚を狙って入り込んでくる。これって結構恐ろしいことではないか。政府広報に彼女が登場したら、細心の注意が必要である。彼女のサブリミナルはプロパガンダになりうる。

紗栄子が生き急いでいる

矢沢永吉は二十代後半、世間で認められている自分がイヤになり「ヤザワ？　ヤザワがナンボのもんよ」と苛立ったこともあったが、四十代半ばで「そうか、俺はヤザワなんだ」とふと思い、五十代に入ってから「「みんなの矢沢永吉」なんだ」と感じるようになったという（『イチロー×矢沢永吉　英雄の哲学』ぴあ）。売れっ子の自分を嫌いになり、そのあとで自分を取り戻し、やがて自分は自分だけのものではなく、みんなのものだと気づく。矢沢のファンというわけでもないのだが、こうして、自分の道のりをその時々の純粋な心持ちに従い突き進んできた姿勢に惹かれる。

「自分の価値を高めるための心がけ」、これはいつだって書店の一角を占有しているメソッドだが、それらはあくまでも間接的になされるべきであり、声を発して直接的に自分の価値を開けっ広げに強調するのは慎むべき、という見識は強まっている。一方で矢沢は時折、「ヤザワ

が何をしてくれるのか楽しみ」という形容を使う。矢沢自身が矢沢に期待し、周囲のファンがさらなる期待を向けるという「期待の重層性」は、彼がカリスマであり続ける主たる理由にもなりうると思うのだが、この手の表現者とファンの重層性は、「宗教的」と半笑いですまされてしまうことも少なくない。

自分で自分をことさら持ち上げてくる芸能人に世間が手厳しいのは今に始まったことではないが、自分で自分を持ち上げておいて、おかげで私はこんなふうになれたから「みんなにお裾分けしたい」とおもんぱかる善意が様々なビジネスとして結実する現在、そこでの調節具合を間違えて心証を損なうと、「コイツ、ホントに金儲けが好きだな」という乱雑な文句が降りかかることになる。この数年、その文句を主に背負ってきたのが紗栄子である。タレントやアナウンサーがスポーツ選手と結婚し、彼の食生活のサポートをするためにジュニアアスリートフードマイスターの資格をとったりすると、付け入る余地なく大きな称賛を浴びるが、結婚生活が破綻した途端に、付け入る余地が女性側にだけ生まれ、「ほら、金目当てで結婚するからこうなる」という集中砲火を一定期間浴びることになる。

ダルビッシュ有と別れた紗栄子はその集中砲火をいくらでも浴びてきたが、それをエネルギー源に変えて受け止める特殊な力を持っている。資産二千億円といわれる「ZOZOTOWN」社長との熱愛が発覚し、フジテレビの安藤優子アナに「紗栄子さんは二千億円と付き合ってる感じ」とまで言わせた。「ZOZOTOWN」で服を買ったことはないが、彼のオフィスのドアには、どデカく「愛」と一文字だけ書かれていると知り、サイトへのアクセスがますます遠のく現在。相手の資産だけでなく、そんなイケイケっぷりも絡ませながら、交際自体が闇雲に叩かれていく。

月9ドラマ『5→9――私に恋したお坊さん』(フジテレビ系)に約八年半ぶりに女優として出演した紗栄子だが、その出演情報を解禁したブログに「『ドラマに出てほしい』という声にようやく答《ママ》えることができるようになりました」と書いた。案の定、「そんな声、どこから出てたんだよ」との厳しい突っ込みも噴出したわけだが、例えば現役時代の谷亮子が自ら「前人未到の四連覇」と述べてきたようなスケール感が、この人にもある。にもかかわらず、英会話教室で働く主人公に思いを寄せる同僚男性のことが好き、というありがちな役どころで、実際に見ても、「私じゃダメですか?」など無難なセリフだけを与えられている印象が強く、「ドラマに出てほしい」という声の高まりに応えている感じは薄かった。

金持ちが好き、という突っ込みはそもそも彼女には響かない。ダルビッシュ有との第一子を生む際、出産を決意した理由に「彼も私も子供を一人育てることができるくらいの、社会人としてのお仕事、そして収入があったので、出産という決断をすることができました」とした上で「子供は親を選ぶことができません」(サエコ『Saeko』アメーバブックス新社)と、ナチュラルに選民意識を明らかにする。その意識に人々は苛立つのだが、「ハイソな私」を前提にした上であれば、確かに彼女の行動に筋は通っている。

矢沢が音楽を始めた理由は、「お金が儲かると聞いたから」である。矢沢はそれを隠さない。矢沢が「ヤザワ? ヤザワがナンボのもんよ」と苛立ったのは二十代後半。ならば二十代後半の紗栄子もそろそろ「サエコ？　サエコがナンボのもんよ」と自分に苛立つ時期に入ってきているかと思いきや、状態としてはもはや、四十代半ばの矢沢のような「そうか、私はサエコなんだ」にある。彼女の著書に『Saeko One&only――「私は私」。ルールに縛られない、おしゃれな生き方』（集英社）もある。私は私、なのだ。

「ドラマに出てほしい」という声にようやく応えることができる、という境地は、矢沢が五十代に入ってから「「みんなの矢沢永吉」なんだ」と気づいた境地とも程近い。そもそも矢沢と紗栄子を比較する必然性を見いだせないままだが、こうして比較してみると時代を駆け抜けてきた矢沢が、矢沢を疑い、矢沢を認め、矢沢をシェアしようと気づいた数十年の心境の変化を、紗栄子はわずか数年で取り扱おうとしている。それって、確実に生き急いでいる。「私は私」なのだから、それでいっこうに構わないかもしれないが、周囲は「これは危ういぞ」という見解で一致団結している。

軽部アナの蝶ネクタイが教えてくれること

世間は軽部真一アナを軽んじている。語らなさすぎている。放牧しすぎている。小太りの蝶ネクタイ、軽快な話法、そういったありきたりな理解がただただ継続されているが、それだけでは彼の巧妙さを素通りしてしまう。盛者必衰の世界で、盛者になりすぎないことで必衰を避けて通る彼。組織に雇われているサラリーマンとして、このポジションを維持するのは容易ではない。フジテレビの女子アナは、女子アナが記号的に嫌悪される場面でもれなく標的になるが、とりわけ『めざましテレビ』の女子アナはその記号を率先して維持してきた。そんな彼女たちを、とりまとめるでも振り払うでもなく、隣に佇みながらしっかりと自らの主張を続ける軽部アナの存在を熟考することは、これからの日本的企業とは、という命題を考える上でも欠かせない。

『めざましテレビ』を大塚範一が仕切っていた頃、頻繁に進行につまずく彼と、彼をフォロー

しながら軌道修正していく高島彩や加藤綾子らの構図は「役員と秘書」だった。モノマネ芸人の山本高広は「細かすぎて伝わらないモノマネ選手権」で、「『めざましテレビ』のオープニングで、余計なひと言を言い、いやらしい笑い方をした時のメインキャスター大塚範一」と題したモノマネを、「えーおはようございます、えー今日はとてもあたたかくてみなさん薄着なんですけどもね、あ、鎖骨のキレイな愛ちゃん（皆藤愛子）、今日のお天気どうなんでしょう、いっひっひ」というニヤケ顔で披露していた。しかし、このようにモノマネとして指摘されなければ気づかないほど、彼らの「役員と秘書」の間柄に、イヤらしさは顕在化していなかった。

大塚が闘病生活に入り、司会が三宅正治に代わってから、『めざましテレビ』には「役員と秘書」ではなく「上司と部下」という設定が敷かれるようになった。求人誌に「明るい職場です！」と上司を囲む写真を載せている職場はおおむねギスギスしているが、三宅以降の『めざましテレビ』を見ていると、あの求人誌の写真が動画配信されているかのような空元気を感じてしまう。

二〇一四年から「どっちがメジャー？」というコーナーが始まった。例えば「階段を上がる時、最初の一歩はどっちから？　左足？　右足？」という、果てしなくどうでもいいアンケートにスタジオの「上司と部下」が真剣に向き合う。自分たちの予測と視聴者の集計結果を比べては「うそぉ〜、意外〜」と盛り上がる。この平和ボケを前に思わず二度寝して寝坊、リアル上司に叱られているリアル部下が各地で多発しているのではないか。

人事異動を繰り返すこの番組にずっと平社員的ポジション（実際のアナウンス部では管理職）

でいる軽部真一。軽部と三宅は同期入社だが、「役員と秘書」が「上司と部下」になっても、「ボクはずっと課長代理で構わない」という潔い諦めがある。しかしそれは諦めではなく、彼からの積極的な意向かもしれない。では、秘書が部下に代わっても引き続き慕われる理由はどこにあるのか。このところオリコンの「好きな男性アナランキング」は爽やかであることを自覚している青年が独占するようになったが、軽部は最新版でもベスト10に食い込んでいる。そこに三宅の名前はない。前回は六位で、三宅の七位より上に位置していた。好きな理由として「朝の番組でいつも元気だから（福岡県／20代／男性）」というまったく中身がないコメントが寄せられているが、この評価は軽部には不満だったろう。彼は、地位は求めないが、自分が個性的であることには貪欲だからだ。

とっても細かい話になるが、彼がアーティストのライブの模様を報じる時には、かなりの確率で「私もこの日お邪魔したのですが……」「私は残念ながらお邪魔することができなかったのですが……」と付け加える。自分との距離感を表明し、自己主張を挟もうと試みる。会場周辺で、ライブにやってきたお客さんのコメントを撮る時も、誰かから「軽部さーん」と呼び止められてはとってもうれしそうな顔をする。そんなシーンを年に何度も見る。編集サイドの手癖もあるだろうが、軽部と一緒に写メにおさまって喜ぶ観客、という映像の提供量は、こちらが希望する量を確実に上回っている。その需給関係のチグハグを前にしても「軽部さんだからしょうがない」ですまされていく。しょうがない、ですませようとする時、スタジオと茶の間は連帯してしまう。朝飯を急いでかっこむ日本国民は、軽部のことを熟考せずに軽部を黙認してきたのである。

私って個性的なんですよ、とでも言いたげな彼の蝶ネクタイをどう考えるべきか、という議題も放っておかれたままだ。蝶ネクタイを愛用し始めたのは十九世紀の英国紳士たちだが、もはや日本の男性たちにとって、蝶ネクタイをつける場合のチェックポイントは「ねぇオレ、大丈夫かな？　軽部になってない？」である。それほど軽部は蝶ネクタイのイメージを独占している。業界屈指の映画通と言われる軽部は、自分主催で映画祭を開き、作品を上映する前に自分の解説映像から始めるなど、アナウンサーらしからぬ活躍を見せている。彼の結婚式には山下達郎・竹内まりや夫妻が参列し、二人から歌をプレゼントされている。趣味や交友関係の本物っぽさは、蝶ネクタイが本来持っていたはずの紳士感を補っている。スタジオでのセンターは目指さないが、個性を育む作業を誰よりも建設的に持続的におこなってきたのだ。

「理想の上司は？」のアンケートはイチロー、堺雅人、池上彰といった非現実的な答えを並べているが、あんなアンケートは即座にやめるべきだと思う。それよりも「上司にするなら、軽部真一？　三宅正治？　大塚範一？」のほうが、回答者の個性がしっかり見えやすい。面接時に学生を一発で見極める設問に悩んでいる会社があれば、この設問を薦めたい。会社の現体制に従属してくれる人を求むなら「大塚」、伝統を生かしながら改善を推進してくれる人を求むなら「三宅」と答えた学生を採用するべき。

では、「軽部」と答えた学生をどう判断するか。ここは会社の器量が問われる。「軽部」回答の学生は、会社の名前を使っていろんなことをするだろうし、職場で愛される人にはなるけれど、直接的に大きな利益を生み出す人にはなりにくい。でもそういう人って、会社のブランドを維持するにはとても大切な人材になりうる。「軽部」回答を許容できるかは、企業がブランドをどう考えるかという議論につながってくる。それは、軽部を許容し続ける『めざましテレビ』のブランド力が立証している。しかし、フジテレビ自体は凋落している。同時間帯では『ZIP!』（日本テレビ系）のほうが好調だ。はたしてどう捉えるべきなのか。難しい局面にある。ただ言えるのは、とにかくみんな、軽部を軽視しすぎである。

フィギュア・八木沼純子の味気ない解説の味わい

トリプルフリップ
ダブルループ?
ダブルループ!

「あなたの性格をひと言で表すと？」と面接官から質問が飛ぶ。隣の隣は「忍耐です」と答え、隣は「天真爛漫です」と答える。無難なヤツらめ。次は自分の番だ。「はい、私の性格をひと言で表すと、ダブルトゥループです」。面接官が、こいつなかなかやるな、という顔を向けてくる。主導権を握った自分は続ける。「前向きに滑り、踏み切る前に向きを後ろに変えて、右足の外側のエッジで踏み切る。そして、踏み切りの時左足のつま先を蹴るのがトゥループです。こうやって自分の前も後ろも左も右もすべて使って、羽ばたいていきたいんです」。手元のチェック欄に「◎」をつける面接官の姿が見える。

二〇一四年、ソチオリンピックでの浅田真央の感涙の舞い、列島が感動に包まれた演技を振り返る映像が繰り返し流されるなか、じっと八木沼純子のことを考え直していた。解説の精度ではなく、八木沼が持つ先生っぽさについてだ。その先生っぽさは、あるいは女医っぽさでもいいし、面接官っぽさでもいい。つまり、不特定多数を相手にひとまず冷静でいる立場の女性、の佇まい。

彼女が競技者のジャンプに合わせて淡々と繰り返す「トリプルサルコー、ダブルトゥループ、ダブルループ」の声を前に、今となってはその意味をちっとも覚えちゃいない「サイン、コサイン、タンジェント」が頭をよぎる。生徒に媚びを売らない、淡々と授業をおこなう数学の女性教諭がいたっけな。

ソチオリンピックでのフィギュア勢を振り返る。「逆バレンタイン」発言とエアギターで世の中の周波数を何かしら乱した町田樹、スタジオで「おっつー、おっつー、みんなお疲れさーん、焼き肉いこうねー」とはしゃいだ織田信成、お気に入りのクマのプーさんをIOCの意向で会場に持ち込めなかった羽生結弦、佐村河内守で舞った高橋大輔。周辺情報のバラエティに事欠かなかった男性陣に比べ、女性陣は、若手の村上佳菜子、エースの浅田真央、ベテランの鈴木明子、というおとなしい特徴づけに従順だった。

安藤美姫、荒川静香といった先輩勢の解説やインタビューも、「おっつー、焼き肉いこうねー」的な、「あとでグループLINEでやってくれないかな」と思う類いの発言は皆無。ソチオリンピックは、スキージャンプもフィギュアも、期待されていたのは女子だったが、結果を出したのは男子だった。だからこそ、男子のはしゃぎっぷりばかりが目に入ってくるのは妥当ではあるのだが、もし女子の成績が前評判どおりだったとしても、逸脱したはしゃぎ方をしたのは浅田舞くらいだろう。

そして、「なんだかしっかりしてるな、女子フィギュアの人たちって」という印象を下支えしたのは、八木沼純子の解説の味気なさではなかったか。スキージャンプの解説を担当した原田雅彦は、私情をわんさか盛り込んだ。「高梨〔沙羅〕選手はきっと言い訳しないだろうから僕が代わりに言い訳させてもらうけれど、彼女の時だけ追い風だった」という言葉は称賛され、年の離れていない葛西紀明のジャンプでは「やりましたねぇ〜。レジェンドだ。本当にレジェンドだ」と気持ちよく騒いでみせた。元アスリートの解説者は、当人との関係性から導かれるコメントが求められる。「昨晩もメールがきたんですけどね……」という情報なんて、テレビ局からすれば一番欲しいネタだ。井上公造の役割を代替しているわけだ。視聴者にしても、この解説者はアスリートとどれだけ近いのかを知らず知らず計測している。その点、八木沼は物足りない。昨日メールがきたとは言わないし、おそらく実際にメールはきてもいない。淡々としている、地味だ。服装も着飾らない。教育実習生の初日のような格好をしている。潮田玲子や田中理恵のように、桂由美のウェディングドレスを着るアスリートが定期的に現れるが、八木沼にはあの手の着飾った感じがない。誰かに乗せられてしまった形跡がない。とにかくベーシックな格好を崩さない。

バレンタインに逆の概念を持ち込んだ町田樹は、選手のセカンドキャリアについてたびたび言及してきた。「アスリートが競技だけやればいい時代は終わっていて、アスリートのセカンドキャリアは一つの社会問題です。スポーツで優秀な成績をとっても、将来安泰ではない。長いスパンで準備できる人が真の一流のアスリートだと思うんです」（「キヤノン・ワールドフィギュアスケートウェブ」)。町田の発言を勝手にふくらませて続けてしまうと、「キミたち、辞めたばかりの頃は、桂由美のウェディングドレスを着させてもらってチヤホヤされるかもしれないけれどさ、それは長いスパンで考えられたものなんですか」という苦言だ。オリンピック期間中、ワイドショーのコメンテーターとして登場した潮田玲子や浅田舞はどうだったか。「桂由美:八木沼純子」の数値換算で言えば「9:1」に見えた。安藤美姫は「5:5」(この均衡、つまり、この人はとても巧みな人だと思った)、八木沼純子はもちろん「0:10」だ。「由美:純子」は「注目度:安定感」と変換できる。

……「はい、私の性格をひと言で表すと、ダブルトゥループです」で大きくうなずいた面接官が、次に「この会社に入ってやりたいことは?」と聞いてきた。頭のなかをフィギュア用語が飛び交う。焦りが出る。「御社にトリプルアクセルを!」「保険業界のリプニツカヤに!」「鈴木明子のように後輩に慕われるような……」、ダメだ、うまい例えを思い付けずに口ごもる。すっかり醒めてしまった面接官。トボトボ面接会場を出るとセミナー業者がチラシを配っている。「八木沼純子のキャリアアップ講座——就職戦線を勝ち抜くためのダブルトゥループ」。五十分八千円かぁ、高い、でもいく。絶対に。

SEKAI NO OWARIは「中二病」ではなく「高三病」

その昔、地元で知らないヤツはいないほどのワルだったり、暴走族の総長だったりした芸能人や文化人が、いけしゃあしゃあと若者に人生訓を垂れる場面ほど、テレビの前で舌打ちを繰り返す時もない。更生した経験に基づいて、自分を信じろ、イジメに負けるな、と励ますわけだが、その一方で「悪かったオレ」というのが、それはそれは大切に保持されていて、彼らは、時と場合によってメモリーの打ち出し方を変えてくる。「強面だが優しい」という二面性は、相当の汎用性を持つし、いつでも使えると自覚しまくっている。「しまくっている」から嫌いだ。

歌詞から発言から振る舞いまで、「繊細だが力強い」という二面性を強調しまくっているように見えるSEKAI NO OWARI。彼らが注目され始めたばかりの頃、各媒体で特集が組まれるたびに、ボーカルのFukaseがその昔、閉鎖病棟に入院したことがあるというエ

ピソードを見聞きした。グループの訴求力につなげるかのように当人たちが率先してそのエピソードを発信してきたものだから、私は腹の内で「逆宇梶」と命名してきた。

暴走族の総長だった宇梶剛士が何かと当時の悪行エピソードをハートフルでアツい俺の燃料にしたがるアレと裏表。昔のどうにもならなかった自分を、今を高めるために使いすぎるきらいがある。宇梶方面が「昔ワルだった」で強気に稼動させてきたベクトルを、セカオワが「昔うまくいってなかった」で強気に再稼動させたところ、嗅いだことのないガスが充満し、ファンはそれをファンタジックだとうっとりし、一部のアンチは光化学スモッグだとゴホゴホ咳き込んでいる。

決して世間と交われない僕たちがいて、それを理解しようとしない大人たちがいる、でもここには僕たちの大切な場所があるんだ。彼らは「RPG」という曲で、「『世間』という悪魔に惑わされないで／自分だけが決めた『答』を思い出して」と歌った。そんな彼らの詞をNHK『SONGS』は「善と悪、生と死、戦争と平和、人間の本質を描く歌詞世界」と紹介していた。卒業式での校長先生の話って押し並べてつまらないが、その締めは必ず「これからみなさんは社会に羽ばたいていきます。壁にぶつかり苦しみもがくこと、悔しくてたまらないこともあるでしょう。そんな時はこの学校でともに学んだ友達の顔を思い出してください。そして自分が信じた道を突き進んでください」である。さて、先ほどの「RPG」の歌詞と比べてみよう。ふむふむ、セカオワの歌詞って「校長トークの若者バージョン」なのである。

高校時代、ヤンキーが嫌いだった。なぜなら、普段ろくに学校にもこないくせに、文化祭や合唱祭などの催事になると「時間がねぇんだから、もっとクラスでまとまろうぜ」とか言いだすからだ。日頃、まとまりを乱しているのはアナタではないか、と恨みったらしく思ったものだ。宇梶的な「昔ワルだった」系が母校を訪ねると、必ずと言っていいほど恩師と宇梶的な誰かは友好的。「まったく手がかかりましたよ」とすっかり髪が薄くなった恩師が破顔するのだが、いじめもせず、いじめられもせず、いたって普通の学生生活を過ごした自分からすると、文化祭数日前に下唇を噛んだ「おいしいところをもっていきやがって」の悔しさを体によみがえらせてしまう。

思春期がいろいろとままならなかったことを軸に動いているSEKAI NO OWARIは、母校を訪ねた時も恩師には会わない（『情熱大陸』TBS系）。Fukaseと同様にピアノのSaoriもまた、学校でいじめられていた「昔うまくいってなかった」話を頻繁にする。どん底から救ってくれたのがFukaseであり、彼からバンドの創成期に「お前の居場所は俺が作るから泣くな」と言われたそう。これを校長先生っぽく訳しておくと、「この学校はいつまでもみなさんの故郷です。壁にぶつかった時、いつでもこの学校に戻ってきてください」となる。セカオワにとっての母校とは、自分たちで作り上げたコミュニティだ。Fukaseは学校を中退し、ライブハウスを自分たちで作り、メンバー全員で一軒家に暮らす。Fukaseの夢はでっかい家を建てて、メンバーやスタッフのみんなと一緒に暮らすことだそうだ。

今でも四人で共同生活を送る彼ら。尊敬するルポライター竹中労の至言、「人は、無力だから群れるのではない。あべこべに、群れるから無力なのだ」をついついセカオワにはめ込みたくなるけれど、彼らは個々人が無力だから群れているのではなくて、この四人で結束することこそ唯一の有力だと信じてやまないから、寝食までともにする。Ｓａｏｒｉは自分の夢を「Ｆｕｋａｓｅの夢を叶えること」と言う。Ｆｕｋａｓｅと喧嘩したあと、一週間ほど無視してやろうと決め込んでいたら、自分の部屋の前に仲直りのケーキが置かれていたとうれしそうにつぶやく。こういった青臭さを躊躇せずに発露させる彼らを「中二病」（厨二病）と呼ぶことも多いが、それは違う。

彼らは「世間」「世界」「大人」「社会」と闇雲に対峙することで自分たちやファンの結束を強め続けている。この四つのカギカッコって、実のところ、まったく具体的なものではない。具体的な敵ではないからこそ、強気にアタックできるものでもある。本当はぶつかりようがない漠然としたカテゴリーにぶつかろうと意気込むこの感じって、中二というより卒業間近の高三だ。途端にセンチメンタルになり、途端に野心がみなぎる。でも不安。だから、自分の周りにいる仲間やかけがえのない場所を確認する。校長先生は卒業式で何と言ったか。「ともに学んだ友達の顔を思い出してください。そして自分が信じた道を突き進んでください」。彼らは「中二病」ではなく「高三病」、では、「高三病」は「病」なのかどうか。セカオワは中高生からも熱い支持を受けているが、「葛藤している高校三年生」に中高生が憧れるのはいたって自然の流れである。そんな高三は、病ではない。ポピュラリティーを得るのは当然である。

ファンを囲い込んだ上で「他の人たちは僕たちのことをどうしてわかってくれないんだろう？」という自意識を放つものだから、このバンドへの好き・嫌いは大きく分かれていく。でも、「そんなにわざわざ嫌うこともないのに」と思う。だって、高三の心の葛藤に対して「だせぇよ」と鼻で笑うほうが中二的だから。いつも同じ話をする校長先生にわざわざ突っ込まなかったのと同じように、静観ですませておきたい。

水原希子は巨大仏である

小生、とにかく巨大仏が好きで、少々前までは、まとまった休みごとに日本各地へ巨大仏を見に出かけたものだが、そのきっかけになった一冊が宮田珠己『晴れた日は巨大仏を見に』（幻冬舎文庫）であり、さらに言うならば、その単行本に推薦文として記されていたみうらじゅんの「そもそもさー、〝大きく出たね〟のルーツは仏像のことでしょ！　それを人間がマネすると困ったことになるわけよ」に端を発している。その推薦文には、いとうせいこうの「みうら氏の帯文は少々意味不明ですが、本書の中身は私が保証します」も添えられていたが、「大きく出たね」のルーツが仏像であるという提言、実際にあちこちの巨大仏を訪問すると、決して意味不明の示唆でもないと悟る。景観を豪快に乱す巨大仏と対面すると、「いやー、しかしまぁ、大きく出たね」くらいしか投げかける言葉が見つからないものなのである。

映画『進撃の巨人――ATTACK ON TITAN』については公開直後から芳しくない評がい

やっぱり面白いものは、
面白いと言って
もらえるんだって

くつも目に留まったが、公開数週間後の月曜日の朝、新宿・歌舞伎町の映画館へ出かけると、観客は後方に数人、前方は仕事明けと思しきホストとキャバ嬢と武田の三人だけだった。「NO MORE 映画泥棒」の映像を「マジうける」と指さしながら笑い転げる二人と数席空けて座っていたこちらは、本編でも騒ぎ立てられそうだなと警戒したが、いざ始まると、振り絞るように「マジやべぇ」とつぶやく程度で安堵する。エンドロールが流れると声のボリュームが戻り、「いや、マジでやばかったな」「うん、マジでやばかった」と投げ合っている。で、この映画を積極的に評する言葉を探した時、彼らのシンプルな言葉はとても的確だと思った。

巨大な建築、大仏、塔、怪獣などに接した時の感覚から日本建築の特性を探究する一冊に『ぬっとあったものと、ぬっとあるもの——近代ニッポンの遺跡』（ポーラ文化研究所）があるが、映画『進撃の巨人』は、その「ぬっと」出てくる心地悪さを執拗に描き出していた。原作との整合性のなさや、明らかに不要と思えるラブシーンの煩わしさなどなど、評価が芳しくない理由もわかる。しかし、巨大仏好きの心底にある「大きく出たね」と「ぬっとある」に興奮する感覚には一定の刺激を与え続ける映画だった。とはいえ、この映画を理解してもらいたい対象の優先順位として「巨大仏好き」はだいぶ低いだろうから、映画のお役には立てそうにない。

さて、水原希子である。主要人物の一人であるミカサ・アッカーマン役が彼女であること、そしてその演技に対して批判の声が散見されたが、人気コミックスの実写版で誰かを演じるたびに生じる文句の平均値よりもそのボリュームがだいぶ大きいようなのは、昨今の彼女が、行動を起こすたびに煙たがられているからなのだろう。職種柄、芸能人に向かう邪念の巣窟のようなサイトをいくつかブックマークして定点観測しているが、その手のサイトでスターティングメンバーと化している一人が彼女である。出自を理由にした放言は論外として、「かわいこぶるな」「偉そう」「炎上狙い」「自己評価高すぎ」「ファッションが変」といった、芸能人に向かいがちなクラシックな批判が選り取りみどりで積み重なっている印象。雑な批判にもそれなりに質があるものだが、彼女に対してはなかなか質の低い反感が山盛りになっている。

『KIKO――水原希子フォトブック』(講談社)を通読すると、この人は、自分の自信を隠さない人なのだな、とわかる。自分の至らなさをほどよく配合してファンのみんなからの共感を最大化させるのがこの手の本の鉄則だが、そういった鉄則をそもそもあまり信じていない様子がうかがえる。等身大を歩み寄りに使わないのだ。

「私のミドルネームはオードリー。パパがオードリー・ヘプバーンが大好きでつけてくれたの。だから常に自分の中にいるみたいだし、不思議な気分」とし、ヘプバーンの作品をいくつか挙げたあとで、「『麗しのサブリナ』はまだ観たことないんだけど、衣装を見てるだけで絶対に好きだと思う」とのたまう。見てはいないけどこんな私にはピッタリ。自己評価の肥大化は、いわゆるアイドルがSNSやブログで配慮を重ねる部分だが、その辺りにわざと無頓着でいることがうかがえる。

彼女が「Instagram」にアップした、白いショーツを穿いた股間に虹色の光が射し込んでいる写真(本人の写真ではなくフォトグラファーの写真)が「下品だ」「卑猥だ」と騒ぎ立てられると、彼女は「Twitter」で「エロティシズムとアートを下品と勘違いさせている方が多いと思います。これはアートです。コンビニに並んでいるエロ本は下品です」と反論した。思春期にコンビニに並んでいるエロ本ばかりを摂取しすぎてアート方面の理解にすっかり乏しいこちらは思わず好戦的な構えをとりそうになるが、「どちらが正しいとは思いません。どちらも異なる良さがあると思います。ただそれを一纏めに下品だと判断しないで欲しい」と続けており、こちらの拳は強制的に下げさせられる。

水原希子の言動を追ってみると、彼女に似合うフレーズは「偉そう」や「過大評価」とはちょっと違う。最もしっくりくるフレーズが「大きく出たね」なのである。そう、みうらじゅんが巨大仏に投じた、あの「大きく出たね」である。大仏の場合ならば景観、彼女の場合ならば周囲、とにかく調和を気にしない態度が共通している。和室の畳に土足で上がった写真も炎上したが、私の好きな巨大仏の一つである東京湾観音には胎内になぜか「マリア観音」なる像があり、これも本来の「和と洋」の概念では誠にけしからん事態なのだが、その程度ならば「まぁいいじゃんか」と押し通していく態度こそ、「大きく出る」なのである。

映画『進撃の巨人』で、最も無謀に巨人に立ち向かっていくのは、ミカサ役の水原希子である。巨大仏好きだけに通じる見解なので、本稿に納得してくれる分母は全国で一万人にも満たないと思うが、彼女の「大きく出たね」は、『進撃の巨人』の巨人が醸し出す「大きく出たね」と、いい具合に拮抗している。日本最大百二十メートルの牛久大仏を初めて眼前にすれば、真っ先に出てくる言葉は「マジでやべぇ」だ。朝から『進撃の巨人』を見たキャバ嬢とホストの反応もまた巨大仏的であったのだ。

「なぜ巨大なものに魅せられるか」は、日本の特撮モノの歴史を縦断する重要なテーマでもあるが、本稿ではひとまず、巨大仏と水原希子は「大きく出たね」というフレーズで結ばれていることを明らかにしておく。先頃、平岡正明の名著『山口百恵は菩薩である』（講談社）が復刊されたが、そのタイトルになぞらえるならば、水原希子は巨大仏である。

堂本剛と向き合いたい気持ちはあるけれど

もう五年以上も前になるが、ある連載で堂本剛について長々と論じたところ、私のウェブサイトに記載されているメールアドレスに一通のメールがきた。「読みました。剛が泣いています。謝って下さい」とある。まさか本人の近くにいる人からのメールで、「メールアドレスはこちら→t.domoto@j****.co.jp」などと謝罪先が指定されているならば、さすがに対応を考えなければならなかったが、どう読み返しても「私に謝れ」ということらしく、「剛が泣いている」という情報は情報ですらなく、メールの発信主の妄信にすぎないようだった。当時こちらは二十代後半、まだまだ硝子の少年だった私は、どちらかというと愛されるより愛したいタイプだったし、それがかなわないならば全部だきしめてほしいくらいに未熟なメンタルだったものだから、その程度のメールにも動揺を隠せなかったのだが、メールをいただいてから五年もが経過してそれなりに図太くなった上で読み返すと、あっ、このメールに「堂本剛とは何か」が

集約されていたのではないか、と静かに見つめ直すのである。

その時の原稿にも書いたのだが、うちの母親は堂本剛のことを「いっつも飴玉をなめてるような顔」と評す。実家へ帰り、テレビに映る彼を見届けると、ほっぺたに大きな飴玉が入っているような気がする、と同じ主張を繰り返し重ねてくる。堂本剛はスタイル抜群ではないし、誰もが認める美少年というわけでもない。むしろ隣り合う光一のほうが、いわゆるスペックだけを問えば悠々と上回っている。剛はスリムではないものの、太っているよねと合意できるほどでもない。顔立ちにしてもアンパンマンのように真ん丸なのではなく、ほっぺたの下半分だけがふくらんでいるように見えることを指し、母親は、駄菓子屋で売っていた十円のデカい飴を両頰に含ませている少年のようだ、と指摘するのだ。少年と美少年の二人組は、少年が持つ親近感を美少年と混ぜ合わせるようにして、グレードの高い親しみやすさを培養してきたわけだが、『堂本兄弟』(のちに『新堂本兄弟』)が終わった現在、彼らが主導権を握るバラエティは『Ｋ･ｉｎＫｉ Ｋｉｄｓのブンブブーン』(いずれもフジテレビ系)くらいになってしまった。彼らの親しみやすさが、バラエティを通じて常時撒かれる時代ではなくなってきた。

ジャニーズが組織であり、若い存在を次々と生み出す装置である以上、先輩たちは先輩らしさをそれぞれが調達しなければいけない。ＴＯＫＩＯはこんがり日に焼けた徒党が野性的に行動を起こすことでそれを体得しているし、Ｖ６は全員がそろうと中堅ベンチャー企業のフランクなミーティング風景のように見えるものの、今のところは井ノ原快彦が持つ親戚のお兄さん的濃度をお裾分けしながら先輩らしさを保有している。少年隊が少年ではないことは世の中に投じられる言葉が文字どおりではないこともある、と教えてくれる。ＳＭＡＰについてはもう「木村くんが謝ってくれる機会を作ってくれ」る保証がないかぎりは、積極的に言及してはいけないことになっている。

Ｋｉｎ Ｋｉ Ｋｉｄｓが保有していた少年と美少年の邂逅について、私たちは一向に改定する機会を与えられないものだから、こちらの勝手で二人を区分けし評定する癖がついてしまった。今、あの二人をぼんやり眺めてみた時にコンビとしての先輩らしさを感知しにくいのは、こちらが勝手に二人を引きはがしてきたからでもある。しかし、引きはがした後で、単体では語れないことに気づいて困る。タッキー＆翼はその「＆」が教えてくれるように分解することがもともと容認されているが、Ｋｉｎ Ｋｉ Ｋｉｄｓは「Ｋｉｄｓ」と複数形である以上、それなりの理由なしに単数形で語ってはならないのである。サイモン＆ガーファンクルのポール・サイモンとアート・ガーファンクルは分けていいが、カーペンターズは「ズ」だからカレンとリチャードを分けてはいけない。

堂本剛はソロとして小難しい音楽に興じている時が最も楽しそうであることを、多くの人々が認識している。ファンクが自分を救った、などの発言も届く。しかし、その認識について、人は共有したがらない。認めようとしないし、向き合おうともしない。その試みについて小バカにしてくる風土を一人で耐え抜き、卓越した音楽を作り続けてきたわけだが、彼が主体となって作る音楽に対して明晰な論議を避け、ざっくりとした言い方ですませようとする感覚は、ファンだけではなく業界内にも根づいている。なんかスゴいよね、に留めようとする。

パソコンのファイル保存には「保存（上書き保存）」と「名前をつけて保存（別ファイル保存）」があるが、ＫｉｎＫｉ　Ｋｉｄｓの場合、個々人のソロ活動を別ファイル保存しようとしても、なぜだかＫｉｎＫｉ　Ｋｉｄｓ全体を上書き保存してしまうような力学がある。グループではなくペアであり、常にバランスが問われるからなのだろうが、それだけでは説明にならない。彼らの個々人の活動は、いつだって「それにしても、もう片方は、これでいいと思っているのかな？」というおせっかいを先に走らせた上で判断したくなる。

ＫｉｎＫｉ　Ｋｉｄｓは「まだまだ人気がある」「いいや人気は陰ってきた」といった単調な指標で議論を二分してはいけない存在である。今、その光源にどれくらいの余力があるのかを判断するためには、ひとまずからみまくった延長コードのタコ足をほどかなければならない。延長コードのからみの正体とは何か。堂本剛のソロ活動である。ファンはそれぞれの性格・差異を把握しているのだろうが、二〇〇五年からのＥＮＤＬＩＣＨＥＲＩ☆ＥＮＤＬＩＣＨＥＲＩ、〇九年からの美我空《びがく》、一一年からのＳＨＡＭＡＮＩＰＰＯＮへと派生していった彼のソロプロジェクトについて、私たちは手をこまねいている。こんがらがっている。タコ足配線は出火の原因にもなるからほどいてほこりを拭き取るなどの作業が必須なのだが、時折見かけるインタビューなどで、タコ足っぷりにはそれぞれ大切な役割があることについて把握させられているものだから、じゃあ、これ、ほどいちゃいますね、と容易く申し出るわけにもいかない。ならばと別ファイル保存しようとするのだが、先述のとおり、上書き保存になってしまいそうで押せない。どうしたらいいのかわからない。だから、私たちは彼に触れずそっとしておくという選択肢を選んでしまう。しかし、タコ足配線を改善しないかぎり、パソコンを買い替えたところで、問題は解決しない。

「剛が泣いています。謝って下さい」とメールをよこしてくださった方は、これを読んだら再度メールを送りたくなるかもしれない。でも、ファンではないこちらが、彼のことをどうやって理解したらいいのかわからない、という悩みを抱え続けてきたことを、改めて伝えておきたいのだ。あんたになんか理解されなくてもいい、という意見をお持ちになるかもしれないが、その排他的な意見は、ジャニーズという人気稼業に所属するかぎり、聡明な見解とも思えない。どうしたらいいのかわからないのだ。私たちは、どうしたらいいのでしょう。私のアドレスは変わらずに info@t-satetsu.com。また泣いている、まだ泣いている、だからお前謝れ、とかではない、前に進むためのご意見をたまわりたい。

能年玲奈民営化問題

本書は以前に連載していた原稿を加筆・修正しているわけだが、経年による補足考察は、さほど必要にならないのが常である。定まったポジションや、定まろうとしているポジションがごくわずかの期間で大幅に変わることはほとんどない。しかしながら、「能年玲奈民営化問題」と名づけていた本稿は、「能年玲奈民営化という失策」などと、急いで書いた時事評論本のようなタイトルに改めるべきかもしれない。

『あまちゃん』（NHK）を終えた能年玲奈が「食わず嫌い王決定戦」に出演し、嫌いなバッテラを食べて蕁麻疹が出てしまったといつものように激情型で話す石橋貴明に向かってひと言、「……お疲れさまです」と受け答えしたのは、なかなかの衝撃だった。人を乱雑に扱うことで笑いを練り上げていく石橋の手法が、一瞬で機能不全に陥っていた。養殖で育てたものに天然モノのラベルを貼りかえて市場に送り出す天然キャラ詐欺が芸能界にはびこって久しいが、

馬肉は食べたことがありません。
だから私は競馬が
上手いかもしれません。

それに対して「わかっちゃいるけど騙されておこう」というコンセンサスがすっかり茶の間にまで染み渡っている。だからこそ、コリン星からやってきた人が難なくママタレントに落ち着いてもいちいち動じない。送り出されたばかりの素材も、視聴者から、どうせ養殖でしょ、と思われていることを知っているから、風呂場で小さなおじさんを見たと公言し続けた釈由美子のような、キャッチャーもいないのに受け取りにくい球をいつまでも投げ続ける厄介者は珍しくなった。それよりも、ワイプ芸のような、役割を自ら探し出す道筋を探るようになったのだ。

新作映画のPRのためにありとあらゆるバラエティ番組に出ていた能年玲奈、その対話力の不安定さは、もはや『はじめてのおつかい』(日本テレビ系)で親に頼まれたものを近所のスーパーまで買いに行く子供に近かった。『はじめてのおつかい』が子供に求める展開とは、道に迷ってしまい、泣きじゃくりながらも、通行人にスーパーの場所を聞いてようやくたどり着き無事に買えた、という流れ。しかし、実際には意外とすぐにたどり着いてしまったり、チーズをバターと間違えてしまう程度でおさまったりする。そこまで劇的なことはそうそう起きないのだが、それはそれでよし、とされている。つまり、劇的すぎても困る。能年玲奈のバラエティでの扱われ方って、これと同質ではなかったか。あらゆる所作は、決して派手ではない。しかし、必ず、ある程度、ズレている。

そのズレは、待望され続けるわけではない。「AかBか」を問われて「3です」と答えるような素っ頓狂さに笑い転げてくれたのは最初だけで、立て続けにこの人の出演番組を見ると、この人は常時不安定なことばかりを申してくると気づく。そこに彼女の算段があるならば、その類いの算段の芽生えを見つけ出すことに長けている石橋貴明は、反撃を試みたに違いない。でも、そんな石橋が、ボソッと「久々に難しい子だ。おじさんも手が出ない」と降参を表明した。それは、まったく珍しい光景だった。

新たに銀行口座を作る必要に迫られて、駅前にあるみずほ銀行で諸手続きをすませて待機していると、イメージキャラクターを務めているのが井上真央だと気づいた。広告代理店が、使うべきタレントを企業に対してどのように諭すのかに一切の興味はないが、端的に言えば、消費者金融に菜々緒が似合うのはとってもよくわかるし、大手銀行が行内にデカデカと井上真央のポスターを貼りまくるのもよくわかる。信頼が業績に直結する金融業界で起用すべき芸能人を選ぶのはさぞかし難しいのだろう。

能年玲奈は「かんぽ生命保険」のCMキャラクターに起用されていた。かんぽ生命保険とは、郵政民営化に伴い二〇〇六年に設立された生命保険会社で、これまでは国が守ってきたけれどこれから民営化するのだから、自分たちで収益をあげていかなくては、と組織された会社だ。「これまでは国（NHK）が守ってきたけれどこれから民営化する（民放に進出する）のだから、自分で動いていかなくては」という能年とは、これ以上ない親和性の高さだ。NHKの連続テレビ小説『てるてる家族』や大河ドラマ『義経』に出演して評価を上げた石原さとみが三菱東京UFJ銀行を担っているが、ブレイクしたNHK作品以外でやっていけるのかを問われていた能年が、体半分を「国」に残したかのようなかんぽ生保のCMキャラクターをやってみた事実は面白い。

嵐の番組で五人とともに武蔵野美術大学を訪れた能年は、「美大に入りたかったんです」といつもよりテンション高め。様々なデザインの椅子が並んだ部屋に入った能年は、櫻井に「気になるものは見たほうがいいよ」と勧められるも、あろうことか、その部屋に置かれたパソコンを触りだす。「これパソコン！　椅子見ようよ！」と、さすがの手練手管で櫻井が拾い上げたから場が成り立ったものの、これぞ『はじめてのおつかい』的、スーパーへ行く途中に雑草いじりをする子供のようなエッセンスが炸裂した瞬間だった。

『あまちゃん』終了後にバラエティにも民放ドラマにも頻出するようになったのは、能年ではなく有村架純だった。有村は番宣のバラエティで「添えられるように出ている流行りの人」という置かれ方でも適切に振る舞えるが、能年はその日の主役以外では出られない。雑誌「ニコラ」のモデルや映画『告白』の生徒役など、ど真ん中以外でも十分にキャリアを積んできたはずなのだが、NHKから民放に解き放たれた能年は、センターならば辛うじて出られる、という条件付きのなかで泳いだ。彼女の主演作『ホットロード』は不良に憧れる少女を描いた映画だったが、相手役のEXILEファミリー・登坂広臣について、能年は「本当に現場を皆さんを楽しく盛り上げてくださる方でした。さすが、グループで活動している方だな」と、ちょっとも視点が定まらないずらし方でまとめてみせた。

この映画について「いつの時代も人には様々な葛藤がありそれを経て成長していくものなんだ」と映画の公式ウェブサイトに推薦文を掲げたのはEXILEのHIRO。同じくTAKAHIROも「純愛、家族愛、師弟愛、友情…いろんな愛の形を感じることができ、とても心が洗われた」と、ライジングサンなショッピングモール的テンションでのコメントを投じている。能年は先ほどの登坂へのコメントを「おかげで、私はジッと閉じこもって役に集中することができました」と続けた。普通こういった場でさらりと出てくる（そしてEXILEの大好物でもある）「みんな」とか「一丸となって」といったコメントを一切残さない能年のすごみ。ロードサイドにド派手な看板で軒を連ねまくる消費者金融「エグザイル」に囲まれながらも、我関せず淡々と民営化に邁進する能年は相当図太かった。

当初、「相当図太い」で締め括っていた原稿を、単行本化にあわせ「図太かった」と改変している。事務所との契約うんぬんもあり民営化に失敗してしまった能年。「主役扱いで」「場を崩しても構わない」という二つの条件がそろわなければバラエティで機能しないという、器用なタレントばかりの芸能界では貴重な存在に思えたが、それでは争いに勝つことはできない。民営化の手法がいささか練られていなかった。「かんぽ生命保険」のCMはいつのまにか高畑充希に代わった。民営化をはかったのが能年ならば、NHKの朝ドラ『とと姉ちゃん』で公営化をはかったのが高畑だったのである。能年は芸名を「のん」に改めるという。「公」や「民」を行き交うことに疲れたようにも見える。

池上彰依存社会

いわゆる吉田証言の誤報について記した池上彰のコラム掲載を見送った「朝日新聞」の姿勢からは、新聞社は物書きを舐めていることがよくわかった。なぜって、「朝日新聞」のお詫び記事には「池上さんは、「原稿の骨格は変えられない」という考えだったため、話し合いの結果、予定日の掲載を見合わせる判断をしました」とある。この一文はすごい。久しぶりに新聞に蛍光ペンを引いて切り抜いて保存してしまった。舐められていると感じる点を二つに絞ると以下。（1）新聞社が「原稿の骨格」を変えようと試みたこと。（2）申し出れば、書き手は「原稿の骨格」を変えてくれるだろうと思っていたこと。

プロ野球再編問題で揉めた時に「読売新聞」のナベツネ会長が古田敦也選手会会長に放った暴言に「たかが選手が」があるが、あれと同様の「たかが書き手が」というスタンスが謝罪後のコメントににじんでいた。手打ちそば職人に釜揚げうどんを作れとか、Gパン専門のパタン

北朝鮮と同じように
他の国の名を挙げるから
暴走老人と呼ばれるんだと
思うんですけれども。

ナーにビビットな配色のミニスカートをよろしく頼むとか、そんなのは提案するだけ愚かだと誰しも気づくが、どうやら「原稿の骨格」についてはどんな物書きであっても「変えられる」と思っていたようなのである。これって、本当にとんでもないことだ。

池上コラムの掲載中止→掲載で改めて考えたくなったのは「池上彰ブランド」について。「サンデー毎日」で佐高信の長期連載が突如打ち切られた件や、中森明夫の『アナ雪』論考が「中央公論」から電話一本で掲載見送りになった件はそれなりに話題になったものの、やはり「あの池上彰の原稿を」が持つインパクトは桁違いだった。

「新聞ななめ読み」という連載タイトルは池上ブランドの骨格を表している。「熟読」ではなく「ななめ読み」の結果をわかりやすく提供するのが彼の得意技だ。彼は、彼自身の意見をあまり言わない。テレビ東京の選挙番組で候補者や党首に対して、聞かれたくないことをズケズケと問う様子が「池上無双」との評判を呼んだが、その場面でも、自分の意見を投じるというよりも「ところで……という意見も出ていますね。その点はどうなのでしょう？」と突っ込んでいく。私はこう思うがどうなんだ、と突っ込むのではなく、こう思っている人も多いんじゃないですかと、どこからか一般論を持ってきてぶつけていく行為が「切れ味鋭い突っ込み」と手放しで礼賛されたのには違和感を覚える。しかし、今という時代は、自分の意見を持つよりも「聞く力」が求められているのだ、と今さらのように気づいたのは、そんなタイトルの新書が大ベストセラーになっただいぶあとのことだった。

池上彰の「意見を言わないけど、突っ込む」の対極には「意見を持っているけど、突っ込まない」があり、無論、「意見を持っているし、突っ込みもする」もある。田原総一朗はまさにこのタイプで、BS朝日『激論！クロスファイア』で田原と初共演した池上は、「田原さんはディレクターで、僕は記者なんです」と分析した。ひたすら聞いて先方の意向を引っ張り出す池上のようなスタイルが記者、一つの番組としてどうやったら面白くなるのか、時として出演者を怒らせてでも作品を作り上げる田原はディレクターだ、と。しかし、本当のところは、記者がディレクターを兼務している状態が池上彰なんだと思う。対論をぶつけ合う場所を用意したがるディレクターを振り払いながら、「聞いたことをそのまま解説するだけで終わらせませんか？」と決定する役割をも担っている。その決定権を含んでいるからこそ、ブレイクが長続きしている。記者がディレクションもできるからこそ、イチから教える体制を築けるのだ。

すっかりテレビで見かけなくなったみのもんたは池上彰を引っ張りだこにした立役者である。不定期にみのの番組に出ていた池上は、『わかりやすく〈伝える〉技術』（講談社現代新書）のなかで、みのもんたは「どう思いますか？」ではなく「どういうことですか？」と聞いてくることが多く、「私の持ち味が、自分の意見を言うことではなく、解説することのほうにあると、見てくれていたのですね」と書き、みのによって「自分の方向性を定めることができました」と深謝している。今、みのもんたをざっくり思い出すと、いかにも自我の強い人だったなぁと嫌悪感が脂っぽく起動してしまうが、冷静に振り返ってみれば、わからないことを人に教えてもらうことを恥ずかしがらない人物ではあった。この辺りは、知らないことを知っているふうに装うことにひた走りがちな小倉智昭などには持ちえない気質だったように思う。

池上彰の著書や番組名に躍る「ズバリ解説!」「そうだったのか!」の「ズバリ」や「!」って、細木数子の「ズバリ言うわよ!」と同質だと思う。地獄に堕ちるわよ、という単なる理不尽な戯言をまさかのまさかで自分の体に響かせてしまった人たちが、ズバリ解説だけしてちょうだい、と池上解説を欲しているのではないか。そう感じさせるのも、スタジオで話を聞く芸能人のすがるようなまなざしが、細木と池上で、まったく変わらないからだ。

『そうだったのか!池上彰の学べるニュース』(テレビ朝日系)のポジションに続くようにテレビ朝日で放送されている東進ハイスクール・林修の番組『林修の今でしょ!講座』では、林が教師役ではなく生徒役として出演している。これくらい丁寧に教えればわかるでしょう、ですらなく、このように教わればわかるでしょう、という役割を担う。もしや「聞く力」だけではなく「聞き方」までレクチャーされなきゃいけないゾーンへ入ったのかといぶかしむ。

「いいね!」の「いい」と「ね!」の間に「質問です」を挟み込むと、池上の口ぐせ「いい質問ですね!」が生まれる。認める、という動作がそのまま意思表示になっている点において、「いいね!」の延長線上に「いい質問ですね!」が用意される。いつの時代にもいる、オピニオンもないしレクチャーもできないキャスターが出しゃばるよりも、池上彰に「認めてもらう」シチュエーションを量産するほうが賢明だとは思う。でも、コラム掲載問題で見られたように「あの池上さん」といった特別視がどこまでも果てなく高まってしまうと、物事とはいつなんどきもわかりやすく問われ、説明されるべきだ、という意識がさらに強まる気がして、ほら、こうしてお読みいただいているように、わかりにくいことをわかりにくいまま放っておく自分のような人間にとっては、池上彰依存社会はどちらかというと忌避したくなるのであります。

これからの「ピケティ」の話をしよう

「ピケティ、ピケティ、ピケティ……」と連呼しながら、攻撃側の一人が守備側のコートに入り、守備側の誰かにタッチして自分のコートに戻ってくることでポイントを得るインドの国技。一九九〇年からはアジア競技大会の正式種目になっている鬼ごっこのようなこのスポーツは、ピケティではなくてカバディだった。「カバディ　ピケティ」でツイート検索すると、「ピケティってカバディみたいwww」というつぶやきが散見される。このつぶやきは、突如として巻き起こったピケティブームの性質を見通す上では外せない。

ピケティ、という響きのよさ。著書『21世紀の資本』（みすず書房）は、経済書の大著としては異例の売り上げを記録し、プロモーション来日して以降、ますます話題になった経済学者のトマ・ピケティ。もしも彼がトマ・ゴンザレスという名前だったら日本でここまで流行らなかったかもしれない。マイケル・サンデルだって、もしもマイケル・リチャードという名前だったら、これからの正義の話はあそこまでできなかったかもしれない。ピケティ、サンデルという端的な名前、そして効果的な濁音・半濁音のアクセント。冷静と情熱のあいだには結局何があるのかわからなかったけれど、サンデルとピケティのあいだにはカバディがある。つまり、連呼したくなる「日本語」としてこれらは連関している。

日本で十三万部を突破したトマ・ピケティ『21世紀の資本』。書店ではその隣に「六十分でわかる」という解説書と、「二十分でわかる」という経済誌の特集が並んでいた。そのうち、五分でわかったり、マンガでわかったり、公開霊言で下ろされたりするのだろうが、分厚い本が必死に解きほぐされていく様子を眺めていたら、新聞記事（「朝日新聞」二〇一五年二月三日付）に「ピケティ氏にあやかろうとしているのは、アベノミクス批判を展開する民主党だ」との文言を発見。この「あやかろう」という言葉にピケティブームが集約されている。あやかった民主党に対して、安倍首相も「ピケティ氏も経済成長を否定していない。しっかり成長して果実がどのように分配されるかが大切」とあやかり返してみせた。

出版取次会社・日販マーケティング本部の古幡瑞穂が二〇一五年一月に示した『21世紀の資本』の購買データ分析には、「男性読者がほとんどであり、ピークは60代でした。ただ、発売からの日数経過にともない、50代の読者が急激に伸びてきています」（「HONZ」）とあるから、この分析を、とある会社の光景に落とし込めば、年末年始に『21世紀の資本』を読破した役員（六十代）が年頭挨拶でピケティの話をし、感化された部長クラス（五十代）が書店に急いだという流れだろう。そのうち定例会議前の雑談で、課長クラス（四十代）が読むように勧められるのかもしれない。遊軍の平社員（三十代）からしてみれば、そんなんどうでもいいから、そもそもそれだけの大著に食らいつけるような余暇をください、との本音もこぼれるだろう。

三世紀分の膨大なデータ解析によって、資本の収益率（r）が経済成長率（g）を上回る「r＞g」という式を導いたピケティ。低成長の時代には世襲によって資産の格差が拡大してしまうと説き、高額所得者に高率の税を課す累進課税を提唱し、消費税増税には反対する立場をとる。来日して様々な報道番組に出演したピケティを、「あやかろう」体制の番組が、自分たちの趣旨に誘い出そうとする。ピケティ自身は「日本固有の問題は解析できていない」という立場を表明しているにもかかわらず、「言ってもらいたいことをピケティに言ってもらおう大作戦」に終始していた。池上彰の「そうだったのか！」を浴び続けること数年、ようやく外に向かって「どうなんですか？」と問えるようになったのかと思ったら、やっぱり来日時に池上彰と対談していたようで、ピケティの役割も結局「そうだったのか！」のインターナショナル版でしかなかった。

ＮＨＫで放送されていたピケティの『パリ白熱教室』を何回か見たが、彼は常にノーネクタイだった。サンデルはほとんどの場面でスーツにネクタイ。ピケティは教室が白熱してくると腕まくりをする。そして、生徒の話を聞く時には、しばしば両手を頭の上に乗せるポーズを取る。授業の場所もサンデルのような大会場ではなく、こぢんまりとした教室だ。ノーネクタイ、腕まくり、小さな教室。サンデルが東大的なのに対し、ピケティは予備校的だ。ここで頑張ればビリのギャルでも慶應義塾大学にいけそうな感じがする。格差是正を訴えるオキュパイ運動に携わった彼は、下から突き上げるアイコンとしてバッチリな振る舞いをしている。

「本は買わないけど興味はある」層の厚みを実感するために時折チェックしている地元図書館の予約ランキングを見てみると、ピケティ『21世紀の資本』は蔵書数十二冊に対して予約件数二百二十七件だったが、経済書で見れば菅井敏之『お金が貯まるのは、どっち!?』(アスコム、蔵書数十二冊/予約件数二百五十九件)、翻訳書で見ればジェニファー・L・スコット『フランス人は10着しか服を持たない』(大和書房、蔵書数十三冊/予約件数三百五十一件)のほうが、予約が殺到している。『21世紀の資本』は五千五百円+税という高額本のため、図書館での予約件数が群を抜いているのではと予測していたのが、ピケティのマクロな考察はまだまだ庶民のミクロな日々には届ききっていないようだ。相次いだテレビ出演によりますますのブームが巻き起こることで、数式「r>g」に反応したレイザーラモンRGがなにがしかのネタを繰り出すだろうと予測していたのだが、彼がピケティを用いることはなかった。彼がネタとして本格投入するくらいの広がりを見せたのであれば、ピケティの親しみやすい眉毛の形についての考察を補足しようと思っていたのだが、その必要に迫られるほどまでには盛り上がらなかった。

メディアに消費されない宮間あや選手

二大会連続でワールドカップ決勝に進出するも、惜しくも決勝で敗れてしまった「なでしこJAPAN」に向かって送られた、「なでしこは胸を張って帰ってきていい」というエールの心地悪さは何だろうかと数秒考えた。答えはすぐに出る。当人の態度を部外者が提案する謎めいた働きかけ「胸を張っていい」は、高校野球部のOBが、甲子園の初戦で敗北してしまった母校の選手に対してかける言葉だ。高校の視聴覚室に学校中のパイプ椅子を並べて観戦している年配のOBが、飲み終えた缶チューハイをパイプ椅子の下に隠しながら、「んまぁ、県大会を勝ち抜いたんだから胸を張って帰ってこい。よく頑張ったよ」と声をかける、先輩風の典型的悪習である。つまり、二大会連続でワールドカップ決勝の舞台に立ったトップアスリートに向かって、私たちは先輩風を吹かせていたのだ。赤面すべき事態である。

キャプテンの宮間あや選手が、準決勝のイングランド戦でペナルティーキックを決めたあと、

女子サッカーが
文化になっていけたら
いいなと思っています

ベンチにいる控えメンバーのもとへ一目散にダッシュ、はにかみながらみんなと抱き合い、一瞬で表情を元に戻してピッチに走っていった。「喜びを分かち合う」と「まだまだ喜びを分かち合っていてはいけない」を同時に見せるキャプテン心、実にカッコいい瞬間だった。その様子を伝える側は「控え選手とも一致団結しているなでしこ」とまとめていたが、すぐに折り返してピッチに戻った姿にこそ痺れた。

宮間が、帰国後の会見で女子サッカーを「ブームではなく文化にしたい」と言い、「私たちは結果を出し続けないかぎり、人気が離れてしまう不安を抱えている」と引き締まった表情を見せたのは、「胸を張って帰ってきていい」という謎の餌づけからニョキニョキ生える突発的なブームを早速牽制するかのようでもあった。

「胸を張って帰ってこい」系先輩風メディアは、どう転がっても、転がった結果に女子の特性をふりかける。例えば、「サンデー毎日」(二〇一五年七月十九日号)の表紙コピーには「なぜ世界の舞台では女子のほうが強いのか」とあり、記事の見出しに目を向ければ「『女子力』を引き出した監督手腕」、記事の内容を追えば「日本の女性には古来、集団の力や和を重んじる文化があります」とある。宮間が言う「文化」は絶対に、この手の「女子文化」ではないだろう。個人の鍛錬の集積を、チームワークではなく「女子力」として伝えてしまう。そんな「男子力」報道は、なでしこをまたしても文化から遠ざける。

佐々木則夫監督が、二〇一三年に刊行された『女性アスリートは何を乗り越えてきたのか』(中公新書ラクレ)で、女子バレーボールの眞鍋政義監督と対談している。驚くのは、佐々木監督が、いわゆる週刊誌的な「女子力」を立て続けに語っていることである。

「最初に感じたのは、女性は依存性が強いこと。あれでいいんですか、これでいいんですかって、いちいち判断を委ねる」「女性はおしゃべりと言われるが、目標に向かって、何をしたらいいいか、熱心に話し合ってくれる」と言い、対する眞鍋監督も、試合中に緻密なデータを活用しながら采配する理由を「女性はねたみや嫉妬があると言われているので、何かないかな」と思ったからとしている。

目立ち始めたアスリートや監督を見つければ、とにかく数時間×数日、ライターの前でしゃべらせて、急いで新書化して、このメソッドはビジネスの現場でも応用できる、という変換を打ち出すのが低迷する出版界の必殺商法となって久しいが、この対談での両監督の弁舌をそのままビジネスの現場にスライドさせて話し始める課長や部長がいたら、ただただシンプルに嫌われるのではないかと思う。

ワールドカップで準優勝となったあとの帰国会見で、宮間は「もう少し一緒に過ごす時間やこなす試合の数があれば、また違った経験ができてまた新たな力になったのかなとは思います」と言い、サッカー協会側にさらりと苦言を呈した。ご存じのように、何が起きようとも苦言を呈することで知られる張本勲は「〔敗退した決勝での失点〕五点はコールドゲームと一緒ですよ」とお約束どおりに吠えたが、その発言の直前には、世間やマスコミの要望に応えなくていいから監督の好きなチームを作るべき、と忠告しており、今回ばかりは真っ当に聞こえた。宮間が「ブームではなく文化にしたい」と述べたのには、「なでしこ」が流行ったからとU―20

日本女子代表の試合を「ヤングなでしこ」と銘打ってテレビ放送したり、なんとか流行らせるためにルックスがいい選手をポスターに使ってみたりする協会やメディアに対する苛立ちが少なからずあるはず。

帰国直後のなでしこをつかまえて緊急特集を組んだ『情熱大陸』（TBS系）は、これまでの女子サッカーの軌跡を振り返り、北京オリンピックでの不発の理由を「何かが足りなかった……」などと超曖昧なナレーションで紹介しながら、帰国した選手に国語辞書を渡して、今回の大会での「自分を単語一語で表現してください」「今回のチームを単語一語で表現してください」と超曖昧に迫った。問うほうが超曖昧なのに選手には明答を強いる展開に、我らが頼れるストライカー・大儀見優季選手がそれぞれ「植物」「万華鏡」と答え、シンプルにならないように思いの丈をじっくり述べ連ねたのは痛快だった。そして、間違いなく番組側がオファーしたであろう宮間キャプテンはこの番組には登場しなかった。

女子サッカー選手の苦境、具体的には「チームから給料をもらわず、フットサル場の受付をして働いている人もいる」というネタ、みなさん、本当に好きだ。なでしこが流行るたびに、セット販売のようにこの苦境が伝えられる。もちろん、そのような状況は改善に向かうべきだとの思いも込められているのだろうが、いつだってなでしこの物語が「(女子ならではの) チームワーク」と「(女子ならではの) 苦境」との抱き合わせで投げ売りされることへの疑問が、宮間の「文化にしたい」発言には詰まっていた気がする。リーグ再開が近いという事情もあったのだろうが、前回のワールドカップ後と比べても、彼女は明らかにバラエティへの露出を抑えていた。手放しで喜べる結果ではなかったこともあるのだろうが、「消費されてたまるか」という闘志がヒシヒシと伝わってきた。

その後、リオオリンピックへの出場を逃したこともあり、残念ながらブームは再び一時的なものになってしまったが、安っぽく消費されることを避けた宮間の戦略は、実に建設的だった。代表引退を示唆したとも言われる宮間だが、「流行らせるだけ流行らせてしまえ」という、チャラい判断を後ろ蹴りした判断を忘れたくない。

森高千里が管理している若さについて

だいぶ前になるが、伊集院光がラジオでこんな話をしていた。お寿司屋さんに行き、「約束どおり来たぜ」とつぶやきながら暖簾をくぐり、黙々と寿司を食す。その翌々日に同じ寿司屋へ出向き、数々の無礼を働き、しびれを切らした大将がキレる。「おととい来やがれ！」。大将はふと思い出す、おととい、目の前にいる男が「約束どおり来たぜ」とつぶやきながら入店してきたことを……。

この数年、森高千里がすっかり重宝されているが、芸能界に復帰し始めた時分に散々使い倒されたのが「「私がオバさんになっても」を歌っていた森高だが、まだまだちっともオバさんにはならず、若さを保っている」という褒めたたえ方だった。確かにそのハードルをひょいっと乗り越えていた。「おととい来やがれ」とは逆の方向だが、こちらも時空を統率している。自ら設定しておいた「ミニスカートはとてもムリよ　若い子には負けるわ」というオバさん像

に反することで、清々しさを高めてカムバックしたのである。

森高千里が司会を務めるも、視聴率が伸び悩んでいた音楽番組『水曜歌謡祭』(フジテレビ系)。あっという間に終わってしまったが、ある日の放送では、ウェディングドレスを身にまとった久本雅美がお気に入りのウェディングソングを紹介するという、制作側が率先して路頭に迷い込むような企画が組まれていた。そのコーナーでの最初の曲が小柳ルミ子の「瀬戸の花嫁」。久本が二十年仕込みの「結婚したーい」を連射し、小柳は相変わらずの「キレーイ」的な声かけを素直に受け止める。想定されていたコミュニケーションで、それぞれがしっかり心地よくなっていく。その対話によって番組に充満した徒労感を、視聴者が責任を持って引き受けるという、ウェディングを祝っている場合ではない緊急事態が生まれていた。

自分がまだ実家暮らしの頃、両親は主にテレビ東京で放送されていた「懐かしのメロディ」系の番組によくチャンネルを合わせては、出てくる往年の歌手を次々と「年取ったわねー」「声出なくなったねー」「この一曲でずっとご飯食べてんのよねー」「太ったねー」「厚化粧ねー」「二度も離婚してるのよねー」「銀座に女作っちゃってさー」とひとしきり罵っていた。でもテレビの前の両親に徒労感はなく、むしろ自由気ままにバッシングできる環境を心から楽しんでいるようだった。その手の罵りをお茶の間で浴びた実家を出て十年弱が経過するが、様々な技術の向上もあり、かつての誰それが加齢しても、そこまで清々しく罵れる状態ではないことが増えてきた。

男女を問わず、「若い」という状態は、ますます無条件に賛美されるようになっている。アイドルのニャンニャン写真を掘り当てていた雑誌がすっかり体制側に迎合した頃からだろうか、アイドルゴシップ枠の一つに「劣化」が加わってきた。いつの間にかこんなに老けてしまった、と感じる写真を嘲笑するという、インパクトに欠ける罵りが主にネットをにぎわせている。

森高千里・永作博美・原田知世方面に向けられる「若ーい」と、平子理沙・山咲千里・かたせ梨乃方面に向けられる「若ーい」はまったく違う。「劣化」という声を検閲しながらデリケートに保たれる「若ーい」がある。言うまでもなく、後者のそれだ。森高千里はアルバムのタイトル曲である「非実力派宣言」で、「実力は興味ないわ　実力は人まかせなの」と繰り返し宣言した。今現在の森高千里は、頻繁に投げられる「若ーい」に淡々と応える状態が続くが、あくまでもそれに対し「興味ないわ」「人まかせなの」としておく素振《そぶ》りを見せることで自分の価値を倍増させている。先述した二つの方面の後者たちは、実力にしか興味がないように見えるし、絶対に人まかせにしないように見える。

数年前を思い出してほしいが、ピースの綾部祐二が若貴兄弟の母・藤田紀子と噂になったのをピークに、若手芸人を中心に突発的な熟女ブームが起きた。五月みどり・朝丘雪路方面を前に「イケる」という失礼な評定を下したかと思えば、当人がまんざらでもない受け答えをするという光景に、胸焼けを覚えたはずだ。やっぱりあれは真実味に欠けるムーブメントだったし、何より、あの時も画面に充満した徒労感を引き受けたのは視聴者だった。

森高千里は、若さを自分で持ち運ぶことに無関心である、という状態を維持している。回りくどい言い方だが、「若さを維持する」のではなく、「若さを維持することには無関心という状態を維持している」のである。「私がオバさんになっても　本当に変わらない？　とても心配だわ　あなたが　若い子が好きだから」とその昔に歌っておいた森高千里。「おととい来やがれ」のように、時空をまたいで若さを統率している。昔の森高千里は今の森高千里を見透かしていたし、今の森高千里は昔の森高千里を見透かしているようなのだ。この巧妙な管理。だが、徒労感が生じるわけではないから、こちらはわりかし素直に口を閉ざすのである。

堀北真希の国語力に圧倒されたよ

「彼女の最大の魅力は、なんと言ってもピュアな処女性でした。ですが、山本との結婚によって、それが失われ、男性ファンの大半が離れていくことになるのは火を見るより明らか。清純派の女優にとっては、結婚が多分に足枷になる」（「週刊新潮」二〇一五年九月三日号、芸能ジャーナリスト平林雄一氏）。突っ込むところが何カ所もあるけれど、ひとまずは「ピュアな処女性」とやらに絞りたい。処女性というのはどこまでもいい加減な言葉で、「彼女は男を知らないはず」という身勝手で寒々しい願望を崩さないかぎりにおいて処女性は維持されていく。いざ裏切られると、「男性ファンの大半が離れていく」らしい。

「スキャンダル処女」と言われる場合も多いが、それはただ「処女性」を投じている側がそれなりの案件を発見できなかっただけである。結婚したらそれが「足枷になる」と断じる姿勢もまた身勝手だが、こうして「処女性」を持ち出す言質をほどいてみると、こちらが恥ずかしくなるほど常に自慰的であることがわかる。この芸能ジャーナリストだけの見解かと思いきや、週刊誌側もイントロ文に「永遠の処女とも言われていただけに、支払う代償は高くつくに違いない」と記し、オジ様たちがベタベタ慰め合っているようで、互いの自慰を見物し合っているようで、まったく見苦しい。結婚することを残念がるのではなく、端的に言えば、彼女がセックスをしたことがある、という現実に、真っ正面から動揺しているのである。私は、その動揺に対して真っ正面から動揺する。

六年間も堀北真希を追い続けた山本耕史。連絡先を尋ねても事務所の電話番号を教えられ、手紙を四十通送っても返事は一切なく、共演した舞台の千秋楽でラストチャンスとばかりに「せめて俺のを教えさせてください」とお願いして連絡先を渡すと、その夜に「真希だよ」と「LINE」があったという。この「だよ」という語尾の力を執拗に考えてみたい。自分よりひと回り上の先輩に初めて個人的な連絡をとるのだから本来は「真希です」が一般的だろう。関係性を考えずに選択肢を羅列すると「【1】真希だ」「【2】真希です」「【3】真希だよ」「【4】真希ですよ」だろうか。関係性からしてありえない【1】を除くとして、なぜ彼女は【2】でも【4】でもなく【3】を使ったのだろうか。

終助詞として使われる「よ」は、「デジタル大辞泉」によれば「判断・主張・感情などを強めて相手に知らせたり、言い聞かせたりする」意味を持つ。『8時だ!全員集合』ではなく『8時だョ!全員集合』なのは、八時であることを強めるためなのだ。堀北の場合でも同様で、「【2】真希です」よりも「よ」を使った【3】【4】のほうが、相手に知らせる判断・主張・

感情が強められている。では、なぜ【4】ではなくて【3】なのか。「だ」と「です」はいずれも断定の助動詞である。「だ」の未然形は「だろう」、連用形は「だった」。一方で、「です」の未然形は「でしょう」、連用形は「でした」である。同じ断定だが、「です」のほうが圧倒的に柔らかく感じられる。料理番組の『新チューボーですよ!』が『新チューボーだよ!』ではないのは、桃屋の『ごはんですよ!』が『ごはんだよ!』ではないのは、柔らかい印象を伝えるためだろう。

これまでの堀北に向かってきた勝手なイメージに似合うのは「【2】真希です」「【4】真希ですよ」のいずれかだろう。しかし、彼女は「【3】真希だよ」を使った。金銭スキャンダルで自民党を離党した武藤貴也議員、彼の未成年男性買春を「週刊文春」(二〇一五年九月三日号)が報じたが、誌面で公開されている「LINE」のやりとりの一つに「奴隷だよ」とある。彼の行動はさておき、言葉の使い方として、この「だよ」は最適な使い方である。「です」よりも断定の度合が強い「だ」を使い、強調する「よ」をさらに添える。「だよ」の用例として、主従関係を明確にしている「奴隷だよ」はわかりやすい。「真希だよ」は主従関係を明らかにするものではないが、かといって、「攻めに攻めた山本に堀北がついに落ちた」という物語を単調に引き受けているわけでもない。

「LINE」のひと言目が「真希だよ」だったかのように報じられているニュース記事が多いが、『とくダネ!』(フジテレビ系)での山本のインタビューを再確認すると、最初は「お疲れさまです」とだけ送ってきた堀北に、「誰?」と山本がいぶかしみ、それに対して「真希だよ」と応じたことがわかる。プライベートな人付き合いの始め方として、相手をこれだけ翻弄してしまうやりとりも珍しい。最初のひと言としては「こんばんは、真希です。今日は千秋楽でしたね。お疲れさまでした」くらいが一般的だろうが、そういうありきたりな弾を打たなかったのである。弾切れになるくらい連射していた山本に対して、堀北が打った弾はたったの二発である。

「永遠の処女」と規定されるのが、まんざらでもないのか腹立たしいのかは人それぞれだろうが、イメージ商売である以上、それを覆す時には慎重に打って出ることになる。今回の結婚を伝えるメディアは横並びで、「プレイボーイとして数々の女性と浮き名を流してきた山本」が、「目立ったスキャンダルもなく、処女性を守ってきた堀北」を半ば強引にゲットしたと報じている。だがしかしどうだろう、「真希だよ」を無理やり成分分析してみれば、そう簡単な話でもないように思えてくる。端的な言葉で相手男性とメディアを引き付け、その上で自己イメージを自分の手で覆してみせた堀北真希の国語力に圧倒されたよ。

ファンキー加藤とニッポンの労働

とある、そば・うどんチェーン店の麺工場を取材した時のこと。一食分にパッキングされた麺が一定の速度でベルトコンベアを次々と流れてくる。割烹着を着ている上からでもベテランだとわかる男性が、袋を持ち上げてはラインに戻している。何十袋かに一つ、別の箱に弾く。わずかな重さの違いで不良品を探し当てているのだという。重さが異なるものは一部の麺がつぶれていたり、切れていたりするそうだ。このように、いくら効率的に同じものを量産しようとしても、基準に至らないものは必ず一定数生まれてくる。「均質」は、「均質でないもの」を慎重に間引くことで保たれる。

（曖昧な定義だが）気の利いた音楽やマニアックな音楽ばかり聴く人は、「流行りのJ―POPなんてどうでもいい」とおっしゃる。こちらはその土地ならではの名水を使った手打ちそばをすすっているので、立ち食いそばのクオリティなんてどうでもいいんですと言う。今、J―P

ファンモンで歌ってた
ファンキー加藤こそ
理想のスタイルだったから。

OPをベルトコンベアに流すと、そこから立ちこめてくる香りは押し並べて「善意」だ。代わり映えしないこれらの善意を浴びて素直に前を向ける人って、既に前を向いている人じゃないか、ならば聴かずにそのまま前を向けばいいじゃんかと疑いたくなるほど、シンプルな善意にあふれている。しかし、機械をいくら精密に作っても、一食分の重さが微妙に異なってしまうのと同じく、善意も同じように見えて、いくばくかの誤謬が含まれるもの。均質のようでいて、均質ではないのだ。

ファンキー・モンキー・ベイビーズ解散後、ソロデビューしたファンキー加藤の初ソロ作を三度ほど通しで聴いたが、これはさすがにベルトコンベアから弾かれなければいけないと思った。オレの想いを聞いてくれ、信じてほしい、オマエたちの未来は、明るく照らされているんだから、というような類いの歌がひたすら続く。きわめてシンプルに片づけると、この数年でJ—POPベルトコンベアの歌詞は「自分探し」から「コミュニケーション力」となり、震災後はその「力」を取り外して、もともと備わっている絆や仲間に寄り添う「コミュニケーション」に再び気づこうとする働きかけがトレンドになってきた。ファンキー加藤のメッセージはどの水準にも達していない。

教育社会学者の本田由紀は、若者の雇用環境の悪化を表す概念として「ハイパーメリトクラシー」という言葉を使っている。「メリトクラシー」とは業績主義が支配的なルールとなった社会のこと。言うならば、オリコンランキングで価値が決まるような社会。ノルマの達成が、労働市場での自分の価値に直結するというわけ。売れてないけどいい曲だと思います、が通用しない社会。

そこに「ハイパー」がついた「ハイパーメリトクラシー」とは、ノルマや資格などが重視される「メリトクラシー」の役割が少しおさまり、代わりに「コミュニケーション能力のような人間性や感情にむすびついた測定しがたい能力や性向を成功のカギとする社会」(本田と対談した本橋哲也の分析。本田由紀『もじれる社会』ちくま新書) のこと。これを、高い地位や年収に縛られなくなるから働きやすくなる、とするのは誤読で、その測定しがたいコミュニケーション能力とやらを好都合にルール付けするのは、既に有利な立場にいる者なのである。結局、管理側のエゴは保たれ、棒グラフ的に業績主義で管理されてきた若者は、人間力という指標でまるごと管轄されるハメに陥る。前者にはまだ逃げ道があったが、後者にはいよいよ逃げ場がない。

元来、音楽の動機には、メリトクラシーに対するアンチテーゼをベースにしたものが多かった。つまり、尾崎豊が言うところの「支配からの卒業」。ところが今はむしろ、そういった反体制よりも、本田が言う「ハイパー」の部分を鼓舞してくれるミュージシャンが待望される時代になった。汗をかきながらポジティブな歌詞だけを続けてくる姿に対して、勇気をもらいました、マジで泣けましたと返礼する。そんなコミュニケーションを根こそぎ茶化す私のような人間に対しては、音楽の力を信じることができない残念な人というジャッジが下される。押してほしいツボがあって、そこを押し続けてくれるマッサージ師にどうして文句が言えよう、というわけ。

ファンキー加藤の曲は、ベルトコンベアを流れることを、嫌がるどころか、前提としている。

メリトクラシーに興味はなく、「ハイパー」の部分の理解者であろうとする。それがベルトコンベアからこぼれる基準、つまり弾かれるそば・うどんであっても、彼は懸命に歌う。ソロになって歌唱力の乏しさがより露呈しているが、それでも歌う。そして、それを信じている人たちがいる。届いているよ、とうなずく人がいる。

少し前に流行った反知性主義か、とも思ったのだが、どうにも少し違う。これは無知性至上主義だ。一歩先をいっている。彼にはアンチテーゼという心根は少しも備わってもいないし、インテリジェンスは敵ではなく、はなから存じ上げていないものだ。そんなの知らないよ、でもアツいんだぜオレは、で走りきる堂々さがある。

要するに「【1】サイゼリヤだっておいしいよ」「【2】サイゼリヤこそイタリアン」「【3】サイゼリヤはイタリアン」、このうち、ファンキー加藤は【3】で動いている。他を知らないのは恥ずかしいよと諭しても、ひとまず直接的に救っている状態を前にして、お前らは助けることもできないくせに、と言われれば返事に窮する。

必死に前を見ようとしている人に、こぼれ落ちんなよ、それに、落ちても大丈夫だからな、オレがついているからなと繰り返されるメッセージ。その理由を深く問うてはいけないし、そんなことで報われんのかな、なんて疑義もご法度だ。これも本田の言葉だが「やりがいの搾取」という表現がある。やりがいを錯覚させることで低賃金・長時間労働を許容させる働かせ方のこと。ファンキー加藤的なメッセージって、この手の働かせ方を強引に認めさせる市場で暗躍しているのではないか。今回のファンキー加藤論は、ひとまず仮説。引き続き要考察。いずれにせよ、ファンキー加藤を考えることは、ニッポンの労働を考えることにつながる気がしてきた。

その後、不倫が発覚し、矢面に立たされた彼だが、ここでも「アツいんだぜオレは」で押し切ろうとした。そのうち「バカなことをしてしまった自分は、今、自分の歌に励まされていますす」とか言い始めるに違いないが、こんな予測はたいした予測ではないし、もう既に言っているかもしれない。

島崎和歌子論

仕事でフランスへ行くことになったので、図書館へ行き、中村江里子と雨宮塔子がそれぞれフランス生活を綴ったエッセイをめくる。こちらからは何も申し上げてないのに、「いやいやそんな、オシャレな生活だなんて言わないでください。この街と正直に向き合ってきただけなんですから」と返答されているようなプレッシャーを感じる。平日昼の図書館の分館に人は少なく、自由に座れるスペースには、武田とおじいさんとおばあさんしかいない。その二人は夫婦のようで、黙って一冊の女性週刊誌を眺めている。サン・テグジュペリの名言「愛する――それはお互いに見つめ合うことではなく、いっしょに同じ方向を見つめることである」みたいな状態でＳＭＡＰの分裂危機を伝える記事を見つめている。

おばあさんがおじいさんを見て「まさかＳＭＡＰがこんなことになるとはね」と言うと、おじいさんはおばあさんを見て「数年前からこうなると思っていた」と返し、そのあとはひと言もしゃべらず、再びサン・テグジュペリ状態に戻った。おじいさんはSMAPの何を知っていたのだろう。数年前に何があったのだろう。SMAPの分裂騒動には全国民が動揺したが、このおじいさんに限っては少しも動揺していない。家に帰ってワイドショーをザッピングすると、どの局も押し並べて動揺している。「不確定な情報ながら」と前置きしながら「その可能性は高い」と述べたあとで「不確定な情報ではありますが」と差し戻し、芸能界の有事に平静を保っていてはいけないという共有だけが続いていた。

私のように、テレビの前にいる時間が比較的長い生活をしていると、中村江里子のフランス生活や、ピーター（池畑慎之介）の別荘や、デヴィ夫人の豪邸を、何度も見ることになる。こういった「特別に公開」が繰り返される矛盾を見届けるのはなかなか歯痒いのだが、それでも最後まで見てしまうのは、もったいぶって紹介される海外生活や別荘や豪邸を既にこちらが把握しているという、奇妙な優越感が芽生えるから。テレビを視聴する上で、こういう奇妙な優越感って欠かせない感情だと思う。図書館のおじいさんはSMAPがこうなることを決して知らなかったはずだが、ああやって言い残すことで、おじいさんは芸能界に対して、テレビに対して、おばあさんに対して優越感を持てる。事実、「こうなると思っていた」は、図書館の分館という狭い空間のなかでは圧倒的な力を持っていた。

あらゆる芸能人はテレビの前にいる視聴者が仕立てる優越感と対峙しなければならない。芸能界で目立つ存在として居続けるかぎり、その手の対峙を強いられることになる。例外はないのだろうか。島崎和歌子は二十代の時に先輩タレントから言われたアドバイスを、仕事をする上での指針にしているという。先輩はこう言った。
「よく見ていなさい。本当に売れている人は、話題になったりしない。話題になる人は、話題がなくなったら消えていく人。話題にはならないけれど、コンスタントにテレビに出ている人こそが、芸能界の第一線で活躍している人、本物なんだよ」（島崎和歌子『美人』主婦と生活社）
以前、別媒体で森口博子について考察した際、「久々に帰った地元の定食屋の味付けが全く変わっていなかった時のようなささやかで確かな喜び」と書いたら、多くの賛同を得た。それは、森口博子のみならず、井森美幸、島崎和歌子にも共通して言えることである。テレビはどうしても新商品と高級品を好み、視聴者はやがて、それらの鮮度や品質が落ちてきたことを身勝手に突く。そして、新しい商品が入荷する。その繰り返しだ。鮮度や品質がそんなに問われない地元の定食屋的存在は芸能界では見つけにくい。鮮度を問わない＝競争社会から外れることになるし、特に女性の場合、加齢に抗うことが品質の保持だとされ、保持に失敗すると劣化したなどと揶揄される。しかし森口博子、井森美幸、島崎和歌子はそういうディスカッションに参加せずに居続けている。
マツコ・デラックスは島崎和歌子を指して「美魔女に走らなかったアンタは、頭がいい」「アンタは数少ない成功者だか失敗者だかわかんないけど、特別な枠にいる」と評する（前掲『美人』）。中堅お笑い芸人や中堅俳優は、上からも下からも中くらいの存在であることを規定される。それが彼らの評価として固定される。でも、この三人は明らかに中堅でありながら、上からも下からも放置されているように見える。バラドルというジャンルは、新規参入者が次々と門を叩いては修行が終わらないうちに立ち去っていく。熾烈な競争社会と認識されているものの、ここは定住の地ではない、とも認識されている。女優になりたいと卒業したはずが、こちらに迷い込み、そのまま萎んでいく人も少なくない。だから先駆者たちが業務を継続する。「成功者だか失敗者だかわかんない」のは、並列で比較できる対象が新たに現れない枠に佇んでいるからである。結果的に、先の発言にあった「話題にはならないけれど、コンスタントにテレビに出ている人」を達成し続けている。

「an・an」(二〇一六年一月二十日号)を読んでいたら、特集「愛され力ドリル」の「モテ女の5つの力」として「観察力」「菩薩力」「転換力」「加減力」「生命力」とあった。島崎和歌子が出演する代表的な番組『ホンマでっか!?TV』(フジテレビ系)、『オールスター感謝祭』(TBS系)での振る舞いを見ていれば、彼女がこれら五つを平然と兼ね備えていることを容易に説明できる。『ホンマでっか!?TV』で評論家勢の些細な反応を拾い上げて笑いにつなげる「観察力」、隣り合うマツコやブラックマヨネーズらにガサツな発言を投げられようとも動じない「菩薩力」。『オールスター感謝祭』の司会者として、あらゆる対人コミュニケーションを最適化していく「転換力」は見事なものだし、若手芸人などがランクの高い芸能人に向けてしまう勢い任せな突っ込みを管轄する「加減力」は絶妙。タレントとしての「生命力」は言わずもがな。この号の表紙は綾瀬はるかだったが、本気でそのテーマに向き合うならば島崎和歌子が正答である。

あらゆるスペックが整っているのに、そしてそれらが完璧に維持されているのに、島崎和歌子は解析されない。芸能人は押し並べて移りゆく様を観察され続けているから、何かの突出した案件を受けて、ふくれ上がるように論評を食らうことになるわけだが、島崎和歌子はそういう可能性から逃れてきた。主体的に自分をさげすむことの多い森口や井森と比べると、自己主張をしすぎない島崎の「特別枠」は、ひときわ濃度が高い。「アイドルとしては売れなかったからバラエティに移行した」程度の背景を知っていたとしても、それ以上の議論を呼び起こさせない。SMAPの事例が教えてくれたように、どんなに大御所でも、一つの事柄で立場は揺れる。そして、身を拘束される。権利を剥奪される。一方、話題になりづらい人は、別荘を見せるなどして価値を保持しようと働きかける。そんななか、島崎和歌子はずっと変わらない。大きな芸能ニュースが積み重なるなか、微動だにしない島崎和歌子を改めて尊ぶのだった。

マツコ・デラックスは毒舌ではないのだし

「テレビって絶対に限界があると思うんです」と持論を述べ始めたのは、テレビとは縁遠かった頃のマツコ・デラックスである（ナンシー関・伏見憲明との鼎談「QUEER JAPAN」Vol.3）。立川談志の高座が面白いのは、下ネタや「当事者ですら思わず笑ってしまうような身障者の話」が盛り込まれているからであり、「テレビじゃ絶対に出せない笑いってある」し、「本来、自分が得意としている、ある意味で武器のような部分を出せない辛さみたいのは、久本雅美とか見てると感じますね」と具体的に名前を挙げて述べている。

久本の名前を出したのはWAHAHA本舗の劇場公演の過激さがテレビでは発揮できないという例示のためだろうが、それから十五年ほどが経過し、結婚できないネタ周辺の話題で笑いを引き延ばしてきた久本がいよいよ枯れ始め、テレビの限界を気にしているようには思えないマツコが席巻している現在に読み返すと、この発言の嚙み締め方も変わってくる。

しょせん、アタシらが
言うことなんてさ…
そか、
どうでもいいや。

今のマツコに、「本来、自分が得意としている、ある意味で武器のような部分を出せない辛さ」はあるのだろうか。有吉弘行（とアナウンサー）と繰り広げるトーク番組『マツコ&有吉の怒り新党』（テレビ朝日系）は、後半の企画コーナーまでは視聴者からの投稿にああだこうだ応じていくだけの作りだが、それだけの構成でありながら好評を博しているのは、この二人が毒舌だから、ではない。二人は視聴者からの投稿を受けて、そのつどそれなりに悩む。職場にこれだけ迷惑な人がいる、どうすれば直してもらえるでしょうか、という類いの投稿を受けて、「そんな人、会社から追い払いなさい！」か「そんなこと言ってないで黙って仕事してなさいよ！」のいずれかで即答するのが既存の「毒舌」なのだろうが、二人はそこに直に向かうだけでは終わらない。一旦、断言調で持論を投げつけたかと思いきや、夏目三久アナ（二〇一六年四月からは青山愛アナ）と意見を揉み合わせながら、持論を引っ込めたり、妥協案を探ったりする。帳尻合わせは日本人の特性だが、一度極論を吐いたあとで帳尻合わせに臨む、という豪快と繊細のミックスが、日本人の体に合った程良いさじ加減の痛快を生んでいるのだ。

有吉が具体名を挙げながら笑い飛ばし、その発言が芸能界の先輩に対して失礼にあたる場合、マツコは有吉の膝を叩きながら「ちょっと、そんなこと言っちゃ○○さんに失礼じゃない」と漏れなくフォローする。有吉は引き続きケタケタ笑うだけだが、このコミュニケーションを見せておくことで、テレビの内でのやりとりで形作られた毒舌だというのに、「うんうん、こうしてフォローしておけば大丈夫そうね」と、視聴者までも参加しているかのような錯覚が生じる。関ジャニ∞の村上信吾にしても明石家さんまにしても、相手が誰であれ、マツコの笑いの作り方には、視聴者が毒舌とフォローの双方に参加できる間合いや構図を見せるという特徴がある。

マツコがテレビに頻出し始めた時分に、そろそろテレビでの活動を終えようとしていたのが細木数子だが、重なり合う時期、マツコは彼女に対してすっかり心を許しているように見えた。「地獄に堕ちるわよ」といういたずらな放言は確かに痛快なのだが、煩悶がない。視聴者が介入する余地がない。どこかで覚えてきた「双方向性」なんてスローガンを掲げ始めるようになったテレビ局の面々は、マツコの間合いを見抜き、すがるように活用している。あのままあちこちで細木の登板が続き、マツコがそれに従うような存在感を放つことを嫌がらなかったとすれば、現在のマツコのポジションはありえなかったのではないか。毒舌ブームがふくれて弾けるのではなく緩やかにおさまったことと、細木の不在はリンクしている。

「本来、自分が得意としている、ある意味で武器のような部分を出せない辛さ」を隠す場面もあるのだろうが、TOKYO MXの『5時に夢中!』や「サンデー毎日」での中村うさぎとの対談など、より「武器のような部分」の度合が高いままに吐き出せる場所を残していることも大きい。テレビのあちこちで見かけるようになったオネエタレントをひと括りにして論じるのは危険だが、「しょせんアタシらが言うことなんてさ」と自分で自分の発言の強度や精度を弱めていくチャンネルを意識的に確保している。「自分で自分の毒舌をやわらげる」という選択肢が内蔵されている強さ。有吉や坂上忍といった「毒舌」で括られる男性陣を見ていればわかるが、この人たちは、放った毒舌を自ら薄めようとする時、必ず自分から笑い始める。お前なんて○○だからな、と苛烈に投げたあとで、自ら白い歯をこぼす。

その行為によって毒素を薄めることはできるものの、さじ加減まで統率することはできない。今のテレビでは、冗談や突っ込みが上滑りすると、そのまんま「性格悪い人」「非道な人」として規定されやすい。オネエの議論がズバズバと刺さりやすいのは、その冗談や突っ込みをどんどん上滑りさせても容認され続けるからだろう。とりわけ性差にまつわる議題であれば、ある一定の放任が許されているのはこのポジショニングだけである。話を終えた後で、一息ついて、「まぁ、私が人のこと言えたもんじゃないんだけどさ」と添えるだけでおおよそすますことができる。

毒舌というキラーワードは、そのプロセスの検証を排した状態でトレンドとして定着しすぎている。毒舌という単調な理解をマツコに向ければ向けるほど、マツコ・デラックスの身動きは自由になる。なぜって、もはや彼女は毒舌ではないからだ。テレビのなかがほぐされる以上はその身動きを歓迎するのだけれど、毒舌という誤読の上で動きやすくなっている事実はそのつど確認しておきたくなる。

吹石一恵をブラトップだけで語るな

このところ、それなりに年を重ねた人気俳優が結婚を発表するたびに「ショックで早退した女性ファン」の存在が面白おかしく取り上げられるようになったが、私はアレを疑っている。なぜならばどこまでも心酔しているファンは、その過度な愛情を職場で認知されている可能性が高く、むしろ素直には早退を申し出られないはずだから。親しい同僚にはSNSのアカウントも把握されているだろう。しかし、福山雅治の結婚がこれまでの事例と異なっていたのは、マスコミにFAXを送る十分前にファンクラブ限定ページで結婚の事実を報告していることだ。

空白の十分間。西村京太郎作品ならば、停車時間を利用して、五番ホームに停車している特急列車のトイレで人を絞め殺し、何食わぬ顔で一番ホームの列車に戻ることが可能である。FAXを送ってから各局が報じるまでの時間もあるから、十分前に報告を受けて、誰にも察知されないように素早く上司に早退を申し出て、会社を抜け出たファンもいたはず。真なるファン

あたたかく
笑顔の絶えない
家庭を作っていけたらと
思っております。

であればあるほど、誰にも「ましゃロス」だと気づかれずに仕事場を後にしたのではないか。となれば、メディアに可視化された「ましゃロス」などしょせん半端者で、本物は、上司に「そういえば、さっき佐藤さんが体調不良で早退したけど、たたみかけるように福山雅治が結婚って、これじゃあ、ますます体調崩しちゃうかもね」と心配されていたのではないか。この状態こそ「ましゃロス」である。つまり、本物の「ましゃロス」は可視化されていないのだ。

二〇一四年末に福山は、恒例のライブ企画「冬の大感謝祭」の一日を男性客限定で開催したものの、「動員目標数の1万8000人には届かなかった。一九九八年に開始した「冬の大感謝祭」で、チケットが完売しなかったのは初めて」（「スポニチアネックス」）という結果に終わった。大手スポーツ紙にこういった報じ方を許すところに器の大きさを感じるが、ましゃがもともとロスしている多くの男性は、女性陣からの圧倒的な人気を前にして批判はおろか、「特に興味がわかないよねー」と言及することさえ控えてきた。私も、もう十年も前に「ってゆうか、あの人、いつからカメラマン気取りだしたんだ？」という発言に端を発する小競り合いを起こして以降、福山雅治について言及することに慎重になっていた。

別の原稿を記しながら各局のワイドショーをザッピングしていたので、番組名も発言者もメモしそびれてしまったのだが、「福山さんならば選び放題だったんだと思うんですよ……」と茶化す男性コメンテーターの声が聞こえてきた。なかなか微妙なニュアンスを含むこのフレーズをテレビから聞くのは、十五年ぶり二度目のことである。十五年前に聞こえた「キムタクならば選び放題だったはず」という発言は、選んだ相手に対する曇りがかった印象がダダ漏れになっていたわけだが、再びその発言が適用されるとは思わなかった。

今回、吹石一恵という存在は、「ブラトップ」のCMと「an・an」での福山との共演記事の二本立てで報じられた。映画『永遠の0』の原作者は、かつて出演したテレビ番組で「ノンフィクションを書く時に平気でウソをいっぱい入れてます」と述べていて、前職でノンフィクション本を編集していた身としては大変憤慨したものだが、その映画で祖父・宮部久蔵のことを調べるフリーライター・佐伯慶子を演じていたのが、吹石一恵だった。彼女は弟の健太郎（三浦春馬）を、取材を手伝ってほしいと誘い出すのだが、その際、「来年、戦後六十周年でしょ。この話を掘り下げれば本になると思わない？」「私もこのままフリーのライターで終わりたくないし！」とポップに意気込むのだ。フリーのライターとして、取り急ぎ憤慨したものである。フリーのライターで終わってはいけないのだろうか。

豊富なはずの女優としてのキャリアは振り返られず、何かと「ブラトップ」に集約され、挙句、「選び放題だったはず」といった意見を浴びせられるのだから、なかなか手厳しい。しかし、女優・吹石一恵の代名詞となる作品を共有できないのも正直なところではある。彼女とまったく同年齢の私が頭に浮かべるのは、映画『ときめきメモリアル』。その共演者は、榎本加奈子、中山エミリ、矢田亜希子、山口紗弥加だった。映画にあわせて刊行された『SUMMER MEMORY――映画「ときめきメモリアル」PHOTO BOOK』（ワニブックス）のなかで、最年少の吹石は、周囲から不思議ちゃん扱いされている。初めて榎本加奈子に会った時の印象を、彼女は「かわいくて鼻血出そうになって〝おにぎり山の人だー！　おにぎりつけられたらどうしよう〟と思いました」と素っ頓狂に答えている。「おむすび山」のCMに出ていた榎本に会った感想として、なかなかトリッキーである。奇しくも榎本、中山、矢田、山口、吹石全員に共通するのが、代名詞となる作品を共有できない感覚だろう。

福山の楽曲「家族になろうよ」があちこちで流され、「この歌詞に福山の本音が込められている」とする見解が並びに並んだ。あの福山雅治が結婚して誰かと家族になってしまう、という落胆を高めようとしたのだろう。しかし、それを先読みしたのか、福山は十分前に放ったファンへのお知らせに「人生の半分以上を共に過ごしてきたBROS.〔ファンクラブ名〕との家族」との記載を盛り込んでいる。短絡的に「家族になろうよ」の歌詞が使われることになると先読みし、ファンへ向けて、ここぞの場面で改めて「家族」という形容を使う。とってもテクニカルだった。この「家族」の使い方のうまさを感じたのは、ファンのことを「家族」と連呼したペ・ヨンジュン以来、十年ぶり二度目のことである。「ましゃロス」よりも「ましゃテク」に唸る。そして、その「ましゃテク」を共有しながら水面下で付き合い続け、結婚後も発言を絞っている吹石一恵と、真なるファンの振る舞いは、最後までプロセスが開示されないという点において同質だ。「ましゃ」への忠誠心の詳細はずっと隠し通されたのである。

神木隆之介の好印象が果てしない

「自分が出ている映画は必ず自分でお金を払って見にいってるんですよー」という小話を年に十回は聞いている気がするし、「えー、気づかれないんですか？」と驚きながら対応している姿も同じく十回は見かける。勝手にいけよ、んで、黙っとけよ、と乱暴に思う。あのエピソードを率先して話したがるのは、お客さんの目線に寄り添うことを何より大切にしている私、自分で身銭を切って見にいく庶民感覚を忘れていない私などなど、いくつもの「善」の効能が濃縮されているから。「気づかれないんですか？」「いえいえ全然」「えー、そんなことないでしょう？」と続くやりとりの連鎖は、テレビのなかで生じうるトップクラスの不毛である。

神木隆之介は数歩先をいく。彼は主演映画『桐島、部活やめるってよ』を計五回、異なる映画館へ見にいき、館内のいちばん後ろの席に座りながら、「川崎の人たちはここで笑うのかとか、渋谷の人たちはここで笑うのか」と各地での反応を比較しては、笑う場面が地域によって異なることに気づいたという（浦沢直樹との対談／神木隆之介『達人たちの夢の叶えかた』マガジンハウス）。これは「身銭切って庶民目線な私」とは一線を画す。庶民は同じ映画を五カ所で見ない。彼は「気づかれないんですか？」から始まるアレを欲してはいない。

　私たちはしばしば、「しばらく見ないうちに子役から子役感が抜け落ちてちょっとした大人になってしまった」状態に出くわす。そんな時、私たちは「あー、なんかもうかわいくなくなった」と、この上なく非情な反応を腹の内ですませてしまう。先方は、ただすくすく素直に成長しただけなのに、こちらは「道を外れてしまったな」と瞬時にさばくのだ。『崖の上のポニョ』の主題歌を歌った大橋のぞみは「中学生になったら、将来の夢を決めたいです」と正攻法で引退し、大人が用意した道から見事に脱線したが、近々の例に限って言えば、加藤清史郎や芦田愛菜は、大人の用意した道をそのまま歩いたがために「あー、なんかもう」を浴びている。

　男性子役の場合、えなりかずきという成長例があるが、あの成長例は汎用性に欠ける。彼の場合は、大人が用意した道よりも先んじて大人として仕上がってしまい、ズボンはツータックに限る、ポロシャツはズボンにインするのが基本、というスタンスを早々に提示してきたものだから、前例にはならなかった。神木は、用意された道を回避する「大橋型」でもなく、ゴルフバッグを背負いながら用意した道の先をツータックで歩く「えなり型」でもなく、大人が用意した道をそのまま歩んできたというのに、「なんかもう」を浴びずに無事に大人化できたレアケースである。童顔からすっかり凛々しくなっていく過程を定期的に観測されてきたのに、その変化についても突っ込まれることはなかった。

神木は、ファッションデザイナー森永邦彦との対談で、学生時代、周りのみんなが暗黙のルールのなかで無難に過ごそうとしている時に、自分は「校則違反にならない範囲でもっと暴れ回ってみようと思っていました」と漏らす。これは、盗んだバイクで走り出す方面の「若気の至り」を覆す、なかなかの新基軸ではないか。おそらく彼は芸能界の慣例を前にしても、「違反にならない範囲で暴れる」を貫いてきたはず。先生に逆らって走り出すにしても、その乗り物は自分の自転車だ。バリエーション豊かな役を演じ、イメージがどこか一方へ偏ることを避けてきたし、プライベートでの粗相は少ない。志田未来との熱愛報道が出ても日本全国一致団結して「優しく見守ろう」と決め込んだ。続く、佐野ひなことの熱愛報道ではひとまず佐野側にネガティブな感情をぶつけていた。「非えなり子役」として、この上なく正しいキャリア形成が功を奏したのである。

テレビ画面から消えてしまうほどお辞儀が深すぎる、といったエピソードが教えてくれるように、番宣でバラエティに出ても、どこまでも真面目で、どこまでも楽しそうで、その場に集う人にどこまでも好かれている。つまり、非の打ちどころがないわけだが、ただただ加齢するだけで、それを「非の打ちどころ」として設定されてしまう子役あがりの俳優は、そこここで打ちどころを排す作業を繰り返してきたはず。自立心を発露させながら打ちどころを処理すると、それもまた新たな打ちどころとして設定されるから難しい。だからこそ「えなり型」のようにキャラクターを突出させざるをえなくなるわけだが、「えなり型」はえなりにしか使えない。「違反にならない範囲で暴れる」という選択は賢明で、神木は用意された道を歩きながら、既存と新基軸の双方をコントロールし、誠実さでグレードアップしてきた。

イトーヨーカドーのランドセルのCMがいつの間にか、これまで担当してきた芦田愛菜と鈴木福がサブ役に回り、自分の妹・弟たち（もしくは下級生）がランドセルを背負って通学する姿をほほえましく見守る設定に変わっていた。芦田愛菜は、昨今の子役のなかでもとりわけ早々に肉厚な「なんかもう」を浴びた人だが、鈴木福はその隣でニコニコ笑いながら砲撃を退けてきた。将来の夢について、数年前までは「仮面ライダー！」と豪語していた鈴木だが、二〇一五年六月の会見で「料理人」に修正、「自分のお店を持ちたい。和食も中華もイタリアンも、なんでも出すようなお店にしたい」とコメントした。このコメントからは、やや「えなり型」の傾向を感じる。つまり、大人が用意した道よりも先んじて大人として仕上がろうとするアレだ。しかし、鈴木福は特異な「えなり型」ではなく、大人が用意した道をそのまま歩む「神木型」で突き進むべきではないか。「神木型」も、「えなり型」同様に本人しか使えない型かもしれない。その場合は、「内山信二型」がスタンバイしているが、あれはギリギリまで使うべきではないだろう。

上戸彩の話をします

それにしても「隠れ巨乳」とは不思議な言葉である。「隠し子」ならば子を隠している主体がいるわけだが、「隠れ」ているという状態を説明したにすぎない「隠れ巨乳」にも、「隠し」ている主体がほのめかされている。本来使われるべきは「隠れ巨乳」ではなく「隠し巨乳」だ。そんでもって、巨乳を隠しているのは、その本人なのだろうか、それとも他の誰かなのだろうか。

同じ用法で使われる「隠れ家レストラン」を考えてみたい。そもそもは、隠しているつもりも隠れているつもりもないお店が、外から「この店、隠れ家のようですね」と認定されてしまった可能性が高い。しかしご存じのように、最近ではわざわざ表看板に「隠れ家風レストラン」と書くような、偽りの隠れ家がそこかしこに量産されている。「裏の物置に隠れているからね～」とメモ書きを手渡されてから始まるかくれんぼは成り立たないが、昨今の隠れ家レストランってそういう開き直りがまかり通っている。

説明するまでもないが、トップ女優に対して「実は隠れ巨乳では」と下世話に問うていくのは、「隠さない巨乳」がまだまだ商売として定着しているからだ。友人が作った料理を最大限に褒める時に「すごい、これはお店で出せるレベル」と言うが、隠れ巨乳の場合も、巨乳市場で売り出せるほどなのにどうしてそれを出さないのか、というわけである。本人にそのつもりはなくても、議論は熱を帯びてしまう。

おっぱい研究の大著、フローレンス・ウィリアムズ『おっぱいの科学』（東洋書林）は、「乳房は生まれながらのコミュニケーションの達人であり、それが乳房の長所でもあると同時に短所にもなる」と書く。霊長類のなかでも、思春期に丸く柔らかいふくらみを授かるのは人間だけであり、「乳房はヒトをヒトたらしめる特徴」だとする。だからこそ分類学の祖であるカール・リンネは私たちを哺乳類と名づけたという。そしてこう書く、「乳房とは私たち自身である」と。

事務所主導の手厚いイメージ作りの恩恵を受けてきた女優が不倫ドラマに挑むにあたって、「主役を演じるのは清純派の役が多かった……」（「YOMIURI ONLINE」）、「ヒロインには清純派の印象が強い……」（「dot.」）、「清純派女優がドロドロの不倫劇を演じて話題をさらっている……」（「RBB TODAY」）など、メディアがこぞって「清純派」という言葉を乱発していたことに着目しなければいけない。隠れ巨乳が持ち主本人の働きかけによって秘匿されてきたわけではないように、「清純派」もまた、清く純粋でいようと本人がそのネーミングを働きかけてきたわけではない。

強引に交通整理をしてしまうと、ドラマ『昼顔』（フジテレビ系）がヒットしたのは、「清純派女優がドロドロ不倫を演じたドラマで隠れ巨乳を比較的隠さなかった」ことにあった。一体、この事実は何を意味しているのだろうか。

当該のドラマを二話だけ見たが、とりわけお盛んだった回で、確かに清純派という印象ではなくなる演技を見せていた。常日頃は、「そのうち飯でもいきましょうよ」「何か面白いことやりましょうよ」と同じくらい「大胆濡れ場を披露！」という約束は果たされないものなのだが、このドラマは確かに大胆と言えるレベルだった。翌日、その回の視聴率が好調だったと伝えるニュース記事のコメント欄を覗くと「やっぱり巨乳だった！」「隠れ巨乳解禁！」とうれしそうな報告が続いていて、ボジョレーヌーボー解禁のように素直にはしゃぐ姿は、普段はひねりがない逆張りが連なるコメント欄で、おっ、珍しく作り手の狙いに気持ちよく引っかかったのだなという印象を受けた。

多くの小説のオビ文には「意欲作」「新機軸」「決定版」「到達点」などと謳われているものだが、読み終えたあとに、「確かにそうだ」であっても「そこまででもないな」であっても、そのオビ文が正しかったかどうかを照合している自分に気づく。しかしながら、このオビ文というのは（著者が考えることも多いが）編集者や出版社が主導して書いた宣伝コピーにすぎない。作品を読んだ後にすぐさま自分の感想を宣伝コピーと照らし合わせるのは、出版社からしてみれば「うまくいった」ということ。作品を読み終えて、この作品が本当に意欲作だったかどうか考えてしまうのは、オビ文に「意欲作！」とあるからなのだ。

今回のドラマが本当に「清純派なのに不倫」というインパクトがあったかどうかを考えている時点で、まんまと提案者の目論見に引っかかっている。「清純派」かどうかなんて、「清純派が不倫をします」と提言されるまで考えなかった着眼なのだから。

清純派はわかった、でもやっぱり隠れ巨乳は提案者からの発信ではないでしょう、という分析はいかにも甘い。これもまったく同じ仕組みである。どこまで脱がせるか、見せて構わないかのイニシアチブほど、厳重な管理下にあるものはない。知人のデザイナーは、あるアイドルの豊満でない胸にシャドウをかけて谷間を作る作業を強いられたというし、事務所からの要望で、ある俳優のすね毛を薄めたら「薄めすぎ」と事務所に怒られたとも言っていた。もちろんこれらは、本人主導ではなく、本人を動かす側の管轄下での作業だ。

ドラマ『昼顔』の成功の一因である「清純派女優がドロドロ不倫を演じたドラマで隠れ巨乳を比較的隠さない」という狙いは、見事なまでに本人も視聴者も介在せずに果たされたということか。だとしたら、すごい。「清純派」と「隠れ巨乳」というあやふやなキーワードを使って、人様の興味をスムーズに奪い取る物語を作り上げたということになる。イメージ戦略の大勝利なのだった。

与沢翼は見た目が九割

連載をまとめただけのコラム集は売りにくいというが、なぜならば、こうして与沢翼の話が平然と盛り込まれていたりするからである。以降は、彼がブイブイ言わせていた頃の原稿をほぼそのまま載せているが、始終覚えるであろういまさら感と同時に、瞬間的に俎上に載せられた人のその後をいかに私たちが放っているか、その反省をじんわり染み渡らせてほしいのである。では、始める。

「なんか怪しげな人」枠を占有していた〝秒速で一億円を稼ぐ男〟与沢翼が、自身の「Facebook」に「資金が完全にショートしました」「フェラーリ、ロールスロイス、ベントレー3台を売却し、住宅なども全て解約」と書き、破産寸前であることを明らかにした。その一報を聞いた私は、秒速でブックオフへと自転車を走らせ、秒速で与沢翼の著書をレジへ持って行き、三一パーセントオフだったサーティワンでアイスを買ってから、秒速でその著書『秒速で10億

これからは ただの何もない
与沢翼として
発言していきます。

円稼ぐ　ありえない成功のカラクリ』（ソフトバンククリエイティブ）を今、読み終えた。四段階のうち三段階、与沢翼ばりに急いでこなしたというのに、私の財布が特段潤った気配はない。与沢翼がメディアをにぎわせてから、彼はいつ転落するのだろうと待ち構えていた人は多い。「やっぱり、ふざけた野郎だったんだよ！」というドヤ顔が安い居酒屋に並んだはずだが、与沢翼は本書で「アンチ大歓迎。私に1円の価値もなければ悪口を言ってもつまらない。無関心の方が恐ろしいですから」と書いていて、ならば与沢翼にはまだまだ価値があって、「なんか怪しげな人」枠を占有し続けるのではないか。

与沢翼を読み解くには、彼が「デブ」ではなく「ぽっちゃり」だ、というところから考えていく必要がある。急にイイものを食うようになって太っちゃった成り金デブは脂分がそこかしこから噴き出てくるものなのだが、与沢翼は風船をふくらませたかのような、弾力性のある太り方をしている。二〇一三年、肥満気味の女子を「ぽちゃ子」と名づけたファッション誌「la farfa」がブレイクしたが、誰かにとやかく言われる前に当事者が素直に肥満を認めてしまえばいいという発想は発明だった。渡辺直美や柳原可奈子の太り方には清潔感があるが、その清潔感と同質のものを与沢翼も持っている。裸にオーバーオールを着て汗だくでソフトクリームを食べる石塚英彦をデブの基本形だとすると、常に澄まし顔で汗一つかかず高級スーツを着込み続ける与沢翼は、その基本形から明確な距離を保ってきた。石塚よりも「ぽちゃ子」の系列にある。

与沢翼が「Facebook」で苦境を吐露したのが二〇一四年四月二十六日、文科省が学校保健安全法施行規則から一五年いっぱいで「座高測定」と「ぎょう虫検査」を外すと決めたのが三十日だ。私の見立てでは、与沢翼の転落と座高測定の廃止は絡み合っている。座高測定は戦時下に「胴長は健康だ」との指針から導入された測定だが、近年では、脚の長短を逆算する数値としてしか活用されてない。その有効活用が意地悪な活用をも呼び込んで、短足を揶揄するための格好の数値になってきた。かくいう私も、座高の高さには幼少期から定評があり、授業中にクラスのやんちゃ者から「先生〜、武田君の座高が高いせいで桶狭間の戦いが何年かが見えません」と叫ばれ、クラスの爆笑を呼び込んだ日のことはいまだに忘れていない。今や座高は、コンプレックスを醸成する数値でしかないのだ。

しかしながら、万事が平等に向かう時代、オフィシャルな数値としてそういった差異が幼少期から降り注がれるのは悪いことばかりではない。あの頃、座高をバカにされた人の人生と、座高をバカにした人の人生は、前者のほうが野心に満ちたものになっているはず（と自分に言い聞かせている）。幼少期に植え付けられたコンプレックスは、蓄えに蓄えられ、蓄えられすぎて全身に波及し、打破しようとする時分には自我となって相応の爆発力を持つ。しかし大人になってから指摘されたコンプレックスは、それを端的に解決（痩せたり、整形したり、下戸を克服したり）するだけですませてしまう。

与沢翼は座高が高い。スタイルを引き締める高級スーツを着ていてもかなりの座高に見える。高い座高（スタイルの悪さ）、でも超大金持ち、このわかりやすさ。今や懐かしい、札束風呂に入り美女を両腕に絡ませながら「これで金運ＵＰ！　女も車も選び放題！」と高笑いする男が写る少年誌の裏広告と同じ役割を果たしている。彼の本を読むと、自分がビジネスパートナーと事業を統合しないのは『ドラゴンボール』で登場人物同士が融合した時に戦闘力とともに態度までデカくなってしまっていたからだとあるし、『ドラゴンクエスト』の勇者のように誰にも負けない勇気が必要とも書く。つまり、清々しいほどに幼稚なのだ。幼稚であることを隠さず、むしろ声高に訴える。ビジネス哲学を、司馬遼太郎と藤沢周平から引っ張り出すのがそこらへんの無難な経営者だが、ここで『ドラゴンボール』『ドラゴンクエスト』から素直に持ってくるところが与沢翼の強みなのだろう。与沢翼の野心は、転校して間もない小学校六年生の三学期に過酷ないじめを受けたことが起点になっている。きわめてオーソドックスなコンプレックスが、あの爆発力を生んだわけだ。

やたらと目立ちたがる与沢翼の彼女たちも、誰しもが認める美女というよりも、聞いてもいないのに「美女ですっ」と前のめりになってくる感じの女性たちで、恥ずかしげもなく金と名声にすり寄ってきた感が伝わってきて、これも少年誌の裏広告と近似する。与沢翼は反省の弁を述べる「Facebook」の文章で、唐突に「日本国民の普通の方々こそ、自由を得てほしいです」と書いた。「これからはただの何もない与沢翼として発言していきます」と締め括っているが、ただの何もない人は、「日本国民の普通の方々」とは呼びかけない。このアンバランスさを見届ければ、彼がまだ「なんか怪しげ」をキープするに違いないと断言できる。彼が告白した文章には激励コメントが相次いでいる。「亀田兄弟が負けるのを望む様にあなたの転落はとても面白いはず」というような核心を突いたコメントも目立つ。

実は、与沢翼と私は、生年月日が二週間と変わらない。ここに座高の高さも絡み合い、勝手ながらシンパシーもある。全てを捨てると書いた与沢翼だが、ぜひ、あのムチムチ感だけはキープしてもらいたい。「ぽちゃ子」が太った女子を救ったように、「ぽちゃ男」も太った男子を救えるかもしれない。『ドラゴンボール』は数々の敗者を生き返らせてきた。生ける少年誌の裏広告に今後も注視したい。

ＹＵＫＩのことを考えましたが、わかりませんでした

「人は知り合いを六人以上介すと世界中の人々と間接的につながる」という仮説がある。オバマ大統領でも五人くらい介せば何とかなりそうだが、ＹＵＫＩは何人介しても知り合いになれない気がする。ファンキー加藤のように、つながりたくもないのにコンビニへいけば会えそうな等身大、つまり誰を介さなくても「俺は隣にいるぜ」アピールがあふれてタオルを頭上でびゅんびゅん回しまくっている昨今、ＹＵＫＩは歩み寄ってはこないし、わざわざカリスマチックに遠ざかろうともしない。とりわけファンでもない身からすると、距離感がちっとも測れず、間接的であろうとも接点が生まれそうにない。オバマが五人でいけると思うのは、オバマは私という日本国民に対して「ねぇねぇキミたち」とメッセージを送り出してくるから。おっ、今なら三人でもいけるかもしれないというタイミングさえあるのだが、ＹＵＫＩは近づきも遠ざかりもしない。近づくチャンスを感知できないのである。

モーニング娘。が息を吹き返したのは、リーダーを務めていた道重さゆみの奮起が大きかった。十代ばかりのメンバーのなかでたった一人の二十代として奮闘していた彼女は既に卒業してしまったが、あの組織の場合、卒業したはずの連中の雇用延長問題が重なり、その狭間で自己を貫いた彼女には中間管理職を指南する新書を依頼するべきだと思っていたが、雇用延長の恩恵にあずかる自分たちへの視線が羨望ではなく憂慮だと気付いた古株がようやくフェイドアウトすることを覚えた。

彼女がモー娘。を卒業する心境を吐露する旅番組を見て驚いた。なぜ卒業するのかを問われて、そろそろ若い世代にバトンタッチするべきだと思った、というお約束の答えが出るのだろうと予想して構えていると、彼女は「毎日鏡を見ていて、今年がかわいさのピークだと思ったから」と答えた。もとから「自分がいちばんかわいい」と自己愛を発散してきた人だけれど、アイドルグループからの卒業理由として、これほどファンやメンバーをおもんぱからないのも珍しい。

「私は媚びない、私は私で生きてくの」という執拗なアピールは、聞いてもいないのに「私は会社に頼らず、ノマドで生きていく」と繰り返し言われるようなもので、大勢で群れて媚びている人よりも、よほどさびしんぼな感じがする。アナタが自由を謳っているのに、「どうぞご自由に」というレスポンスに傷つくらしい。ねぇねぇ、私、一人なんですよ、とあちこちの群がりに土足で入り込んで承認を欲する矛盾。とはいえコミュニケーションとは「私」と「あなた」でできあがっているから、あらゆる表現は「あなた」をあちこちに用意することになる。

ましてや客商売のアーティストが、「あなた（お客さん／見てくれる人／聴いてくれる人）」を外すのは難しい。道重さゆみの脱退理由は見事に「あなた」を外していたし、今回ＹＵＫＩの歌詞をじっくり読み込んだらまったく同じことを感じたのだった。例えばアルバム『ＦＬＹ』に収録されている「誰でもロンリー」では「目指すよ　オンリーワン　誰かのオンリー　誰かのオンリーワン　誰でもロンリー」と反復して、出てきたロンリーの解決策や道筋を決して提示しない。出した議題に、答えもしないし、放り捨てもしない。ロンリーじゃなくてもともと特別なオンリーワンなんだよと世界に一つだけの花を咲かせたがるこの世の中に、ロンリーやオンリーを解決しないで用いるのは相当な手練ではないか。

ファンの方、本当にごめんなさい、めっちゃ便利なのでファンキー加藤を何度も議論に持ち出しますが、「三錠で頭痛が治ります」とパッケージに書かれた飲み薬のように「これを聴けば元気になります」と繰り返し続ける彼の音楽を聴いて元気になれるほど、私はファンキーではない。インスタントな直接性と練り上げた抽象性を比較すると、どう考えたって後者がアーティスト的と呼ばれるはずだが、そんなことばかり言ってると、前者は「（そんなことはどうでもいいから）つながろう」と叫んで、再びタオルを頭上でびゅんびゅん回し始める。あのプロペラは、私には凶器だ。

ＹＵＫＩはインタビューで「音楽家、芸術家はみんな独りよがりです。でも私は、その独りよがりをどれだけ楽しんでもらえるかだと思っていて」（「CINRA.NET」）と答えている。自分にしかわからないかもしれない抽象的なものを、そのまんま人に投げる。「TV Bros」の巻頭特集のメイン企画「YUKIの100問100答」で、「もしも男になれるとしたら何をしますか?」に「男にはなりたくないです」と答え、「好きな動物は何ですか?」に「特にいません」と答え、「自分は運が強い方だと思いますか?」に「ある面では、思います。ある面では、思いません」と答えたYUKI。詳しい説明をせずにはぐらかすのは、独りよがりに浸ってもらう巧みな技術なのかどうか。

二〇〇五年にYUKIが出した曲「長い夢」の歌詞は、その直前に突然死で失った長男を想って書かれたという。ここでもどこか抽象的で童話的な歌詞を見て、エリック・クラプトンの「Tears in Heaven」と比べてしまう。高層アパートの踊り場から誤って転落して亡くなった息子を「もし天国でお父さんがお前に会ってもお前は私の名前がわかるだろうか」と痛切に直接的に歌ったクラプトン。人々が欲するのはこちらだ。聴くだけで泣ける。でも、YUKIは、こうすれば届くという既出の数式に目をやらない。どれほど感傷的な場面でもその感傷には浸らない。なんでだろう。想い出はいつもキレイだけど、それだけじゃお腹がすく、ということか。違うか。

必死にいろんな角度から抽出してみたもののYUKIの本質がちっとも見えてない、とファンから叱られそうだ。ユーモアを含ませれば逃げられると、途中からTRFのYU—KIの議論にすり替えようかと思ったほどだ。さすがにカロリーの容量が合わず、すり替えられない。とにかくYUKIという人は、日頃アクセスしていない立場からだと、少しの本質も見えてこない。関わってなくても勝手にダイレクトメールを送りつけてくるようなチェーンメールミュージシャンが多いなかで、必要な人のポストにしか手紙を送らないYUKI。おそらくこれはミュージシャンとして大分理想的なあり方なのだろう。

西島秀俊の結婚に失望する一体感

西島秀俊の結婚がアナウンスされてから、まるですべての女性がショックを受けているかのような報道が相次いだ。そうなると、彼についてメンズから言及することは慎重にならざるをえないので、梅宮アンナの話から始めることで自分の身を守ることにする。こういう時、梅宮アンナはとっても便利だ。あるバラエティ番組で西島の大ファンだと漏らした梅宮アンナが、携帯番号やメールアドレスを記したラブレターを送ったと激白した。需要が見込まれない公開だが、その全文はこちら。

「西島さんへ。はじめまして、梅宮アンナです。作品を観させて頂いて、とても感動しましたので、感謝しています。元気になりました。今後もたくさんイイ作品に出会えるとイイですね。楽しみにしています。追伸・はぐれ刑事純情派、懐かしいです」

雲一つないほど晴れやかに稚拙な文章だが、最後の「追伸」にだけ企みが込められている。

西島のデビュー作は意外にも刑事モノの『はぐれ刑事純情派』。そこで西島と共演したのがアンナの父・梅宮辰夫だった。西島秀俊を語る時に「演技派」「寡黙」などではなく、「梅宮アンナ」「梅宮パパ」と続けてみると、話がみるみるうちにチープになっていくのがわかる。その速度ったら予想以上に速い。成城石井の門構えだったのに入ってみたらドン・キホーテだった、かのごとく。梅宮アンナを、人気者にあやかった炎上商法とバッシングしてはいけない。梅宮一家というスパイスをふりかけても、西島秀俊というブランドが雲一つないほど晴れやかなまま濁らない、この事実を明らかにしてくれたことに感謝してみてもいいだろう。あれだけ派手な値札とうるさいBGMをぶつけても、成城石井を保てるのが西島秀俊なのだ。

いきなり断言するが、ちまたに流れる「朝まで飲んじゃった」エピソードに面白いものは一つもない。今日も全国で五千人くらいが、その無個性トークに気づかないまま、朝までゴミ捨て場で寝ちゃったエピソードを喜々として披露しているのだろう。長年の大ファンの女性から「西島さんは地上から一センチ浮いているような人」という、すごくわかるようなちっともわからないような評定を何度か繰り返し聞いてきたのだけれど、どこか俗世間から乖離しているように見える彼が書いたエッセイでは、「朝まで飲んじゃった」エピソードがこのように書かれるのである。

「半分裸のおじさんが歩いているこの町は、下を向いて黙々と飯を食う無愛想な若い俳優志望に寛大だった。台風で神田川が氾濫した日、最も水が出たのは住んでいたアパートの前の道だった。世間がその話題で持ち切りだった時、朝まで呑んでいたせいで気づかず二日酔いのまま昼過ぎまでぼんやりしていた。外に出た時にもう水はなかった」(『西島秀俊』〔キネマ旬報社〕所収のエッセイ「東京都中野区本町三丁目」)

朝まで飲んでいようとも、このように彼は俗世間をほとんど気にしない。梅宮アンナのラブレターの対極をいく、静謐な文章。まさしく「地上から一センチ浮いているような」佇まいがほとばしる。インタビューを掘り起こすと『はぐれ刑事純情派』の藤田まことに演技の面白さを学んだと語っているが、刑事ドラマの保守本流でデビューした西島は、どうやって『はぐれ刑事』感を削ぎ落としてきたかのプロセスを語らない。黒沢清は彼について「もともとこの仕事に向いていないんじゃないか」と言い、市川準は彼について「『名付け様のない疲労感』みたいなものを感じた」と言った。黒沢清と市川準という語り手を一旦忘れて「　」内の言葉だけを抽出してみると、見かけなくなって久しい芸人のヒロシのようである。

西島秀俊の人気はこの数年で突出した印象がある。「キスしてほしい男性芸能人」(リベルタ調べ)といった、ものすごく直接的なランキングでも一位になったりしている。西島が表紙を飾った「an・an」の特集「大人の男。」の紹介文に頼れば、「いま、20代、30代の女性に好きな男性芸能人を聞くと、かなりの高い確率でアラフォーやそれ以上の俳優の名前が挙げられます。(略)そう、私たちが気になる男性の〝メインゾーン〟は、いつのまにやら「大人の男」になっていた」ということなのだろう。地下アイドルならば大成した時に「俺が最初から目をつけていた」と自慢げに語れるが、西島の場合は長いこと最前線とその周辺であやふやに漂ってきたからこそ、「にわかファンのくせに」というファンの断絶が生まれることもない。だからこそ、一般人女性との結婚を全員で失望しようぜ、と肩を組み合うことができた。別項で記したが、福山雅治との違いはこの辺りにあるだろう。

結婚の報を受けて「早退する女性もいた」という極端な報道もあった。本当かどうかははなはだ怪しいが、この報道が許されるのは、熱狂的なファンが多いからだけではない。ポイントはむしろ「いいよ、もう早退しちゃいなよ」と同僚が後押しできてしまう雰囲気だ。時期が近かったことで向井理の結婚とワンセットで語られたが、向井理の場合はファンのショックは西島と同じくらいでも、同僚が早退を許してくれないと思うのだ。失望の深度では同じでも、西島秀俊の結婚ショックにだけ一体感があった。これほど晴れやかな失望もない。こちらは男性だからその女性の失望には共感できないはずなのだが、今回ばかりはその心証まで伝播してくる。えっ、こんなにクリアに見えたっけ富士山、そんな台風一過の澄みきった朝のように。

ウイスキーを作るべきは華原朋美

井川遥が専属モデルを務める雑誌「VERY」のキャッチコピーは「基盤のある女性は、強く、優しく、美しい」である。基盤がない女性たちは、怒ってはいけない。怒ったところで基盤はあなたを毅然と突き返す。

そもそも基盤とは何なのだろう。強く優しく美しいのは戦隊モノのセンターくらいのもので、愛と勇気だけが友達だと教えてくれたあのアンパンマンでさえ、強くて優しいが美しくはないのだから、この三種盛りを読者の前提にするとは相当な強気である。「VERY」が広告クライアント向けに作った資料にある雑誌コンセプトから「基盤」の意味を探ると、「今の時代、家族という基盤があるからこそ、スタート地点に立てる！」「結婚前の20代、親にも会社にも彼にもいい顔をしていた自分とは決別。30代の今なら〝本当の自分らしさ〟を受け入れてくれる家族がいる」とある。なぜ「家族」を「基盤」に言い換えなければいけないのか、説明はない。

小室さん、今まで迷惑と心配をかけて
本当にすみませんでした。
これからはちゃんと前を向いて
歩いていけそうです。

〝本当の自分らしさ〟とは、かつての討論番組『真剣10代しゃべり場』（NHK教育テレビ）が延々と探すふりをしてうやむやにし続けたテーマだが、堂々巡りで先送りした結果、こんなところに引き継がれて勝手に答えを出されていたようなのである。そうか、あの問いは基盤がないと答えられなかったのか。それを早く言ってほしかった。おかげで悩みはふくらみ、ボクたちはニッポンのジレンマまで抱えてしまった。

「ウイスキーがお好きでしょ～」のCMが菅野美穂から井川遥に代わり、ウイスキー（CMでは「角瓶」をソーダで割った角ハイボール）を作りながらお客の加瀬亮や田中圭やピエール瀧に色気を撒く彼女。自分らしさを受け入れてくれる、家族という基盤があるなら家で静かにワインでも飲んでいればいいのにと思うものの、「ウイスキーのイメージ＝場末のスナックで頼んでもいないのに出てくる飲み物」を払拭するには抜群の人選ということなのだろう。横浜・桜木町のスナック街に鎮座するしゃがれ声のママを引っ張り出すリアリティはいらない。企業には、作りたい、保ちたいイメージというものがある。タレントにもイメージというものがある。リアルなママの場合、ピエール瀧が居残ったとしても、他の二人は「ちょっとこのあとアレなんで」と言い残して帰ってしまうだろう。ママは「あらそう」と深追いはしない。

とはいえ「強く、優しく、美しい」井川遥がウイスキーを作ることに、しゃがれ声のママ勢は動揺を隠せないだろう。桜木町のスナック街辺りでは、彼女に対して言葉を選ばない糾弾が繰り返されているかもしれない。人の「弱さ、怒り、汚らわしさ」まで水やソーダで割ってしまえるのがアタシらのウイスキーなの、基盤がない人に、しばらくの間、基盤らしき場所を与えるの、と。ならば誰だ。提言したい。カウンターのなかのウイスキー作りが似合うのは、華原朋美なのではないか。場末のスナックで美声を聴かせ、「よっ、お姉さん歌うまいねえ〜」「ええ、あの昔ちょっと歌ってまして……」とはにかむ。そして重要なのは、基盤がないこと。この最低条件もクリアしている。

復帰後のカバーアルバムに、かつての恋人・小室哲哉とその妻KEIKOのグループ・globeの楽曲を盛り込んだり、明治天皇の玄孫で作家・慶應義塾大学講師の竹田恒泰との熱愛騒動を引っ張るだけ引っ張ってみた彼女に対して「売名行為だ」との批判が向かった。売名行為とは聞こえが悪いが、頑張って名前を売る、手を尽くして名前を売る、とほどいてもいい。「かつてのイザコザ」と「今の恋愛ネタ」、これを持ち出したら売名行為と言われるはずと想像にかたくないコンテンツを、順を追って丁寧に提供してくる様はどこか清々しい。

古い記憶をたどれば、華原朋美の最盛期の終わりを知らせたのが、「桃の天然水」のCMが彼女から浜崎あゆみに切り替わった瞬間だった。清涼飲料水のCMはその「清涼」という言葉が残酷に言い表すように、次々と鮮度がいい人材へと代替わりしていく。ノンアルコールからアルコールへというのは誰にとっても大人の階段だが、タレント業にとっても大人の階段で、カルピスやポカリをゴクリと飲んで海岸沿いをチャリンコで走っていたあの子がいつのまにかカクテルやさっぱりめの梅酒を手にしながら「飲みやすいっ」と微笑んでいると、確かな加齢を感じつつもそのキャリアが着実に更新されたことを教えてくれる。華原は「桃の天然水」で「ヒューヒュー」と叫んだのを頂点に、急性薬物中毒などで長らく停滞を余儀なくされたわけだが、勢いよく復活してきた華原からは、一体どうやって更新してきたのかのプレゼンがイマイチ見えてこなかった。「今回は本気です」とのメッセージだけを何度も受け取らされてきた。

カバーアルバム『MEMORIES——Kahara Covers』のジャケットは、女性ファッション誌、しかも「基盤」系の女性誌をモチーフとしている。日頃のワインをウイスキーに持ち替えた井川遥とは逆のベクトル、つまり、日頃のウイスキーをワインに持ち替えたような、慣れない背伸びがある。復活後に出演した『情熱大陸』(TBS系)で、すっぴん風メイクではなく本当のすっぴんで「結果が出ないとすぐに逃げたがるから私は。もう何かね、自分に勝ちたかったんですよね、一度でもいいから。自分にずっと負けるから、勝ちたかった」とストイックに締め括った彼女のスナック感。こっちをじっくりコトコト煮込んでほしい。基盤があるのに色気を撒いちゃう井川遥的な仕上がりにガチンコでぶつかっていくたくましさがほしい。

だから、このジャケットは違う。復帰後の活動がまだまだどうしても「迷走」の部類に押し込まれてしまうのは、このジャケットに端を発していたのではないか。決して高くない酒で、所属や基盤や過去を流し込んじゃうのがスナック。ならば、華原にはスナックが似合う。場末のスナックでウイスキーを作るべきだ。今はまだ、場末感に欠ける。スナックの古びたカラオケ本に折り目がついているような曲ばかりで構成したカバー作を期待したい。「ラヴ・イズ・オーヴァー」に続く、「男と女のラブゲーム」。誰が入れたのかわからないけれど、誰でも歌える、それじゃあ、アンタが歌いなさいよ、さっき歌ったばかりじゃない、やーねぇもう、ミラーボールが気怠く回る、そんな場が似合う。

高橋ジョージのリーゼント・ハラスメント

『噂の東京マガジン！』（ＴＢＳ系）を見ていたら、鬼怒川温泉のある廃墟ホテルが解体されないまま取り残されている問題を取り上げていた。ＶＴＲが終わり、映像がスタジオに戻ると、建築関係の法律に詳しい女性学者の意見をまとめたフリップを清水國明が読み始めたのだが、彼はその女性学者を「○○ちゃんによりますと……」と紹介し、周囲のおじさんどもは「いやいや、ちゃん、じゃないでしょうよぉ〜」と楽しそうに茶々を入れた。廃墟ホテルよりもこのおじさんどもの解体を急かしたい気持ちでいっぱいになったが、法律知識に疎く、解体にＧＯサインを出してくれそうな法律がなかなか見当たらない。

もう三、四年前のことになるが、日曜朝のトーク番組『ボクらの時代』（フジテレビ系）に、それぞれ年が離れた妻を持つ三人、加藤茶、ラサール石井、高橋ジョージが登場した。彼らは、若い奥さんと恋に落ちて中学生に戻ったようだと口をそろえながらも、こんなことを言った。

「オレが先に死ぬから、その時は必ず再婚しろと言っている」「うんうん」

「でも、自分の遺伝子は残したいから、子供はほしい」「うんうん」

傍若無人という言葉がこれだけ似合う会話も珍しい（ので、メモ書きして残してあった）。別の男と結婚してもいいけど、俺の遺伝子は残しておけ、というのである。

世の中が、男と女、どちらの文脈で動いているかとなれば、やっぱり男の文脈と即答することになるのだけれど、実際に女性学者を「○○ちゃん」呼ばわりするおじさんどもや、若い奥様をもらって喜々とするおじさんどもの姿を目の当たりにすると、しみじみ「やっぱり」を感じる。

三船美佳に離婚を切り出された高橋ジョージは、これは夫婦喧嘩の延長にすぎず、離婚に踏み切るような問題じゃないんです、としたあとに「最初は夫婦というより、僕が育てていた面もあった。大人になった今、自分の足で歩きたいというのは分かる気がする」と付け加えた。この発言に離婚に踏み切る理由が十二分に詰まっている気がするけれど、この手の無自覚な発言を吐き出せてしまうのは、テリー伊藤が「ジョージさんの枕詞に俺がこんなに愛してるのに……っていう。そこを受け止めるのか、受け止めないのか」と述べたように、同じ釜の飯を食ってきたおじさんどもがフォローしてくれるのを見越していたからなのだろう。

離婚騒動が盛んにはやし立てられていた際、ほぼ更新されない高橋ジョージの「Twitter」を覗いてみると、「スポーツ新聞にモラルハラスメントって書いてあったけど、流石にそりれはないいな」、その前年には「愛という字は受けるという字に心という字が入っている。相手の心を受け入れてこそ愛なんだなぁ。俺にはその慈悲や思いやりが、まだまだ足りないと、つぐつぐ思うよ」というツイートをしている。気になるのは内容ではなく誤植っぷりだ。離婚報道を受けて、誰もが注目している本人からの発言を「そりれはないな」と誤る。アツいコメントを「つぐつぐ思うよ」で台無しにする。ふと、「Twitter」のプロフィールにある現住所を表す個所に「リバプール」とあるのを発見、夫婦間のことだから諍いの詳細などわかるはずもないのだが、この一点をもってしても、なんだか三船美佳側に加勢したくなるのであった。

高橋ジョージは「やっぱりロックをやってるから、並大抵の自己主張じゃない。オレが自分の妻なら嫌ですよ」とも発言している。この手のロックの使い方は、当方ロック好きからしてみると何としてでも駆逐したくなる。ロック、というのは、自動車免許や英検のように試験や基準を設けないからこそ自由の象徴として拡散されてきたのだが、高橋ジョージの夫婦関係の言い訳に使えるほどにはフリーダムではないと思う。

この手のロックンロールの誤用は、周りが尋ねてもいないのに「俺の生き様はロックだぜぃ！」と叫ぶことで場をむやみににぎやかにする、バラエティを主戦場とする元ロックンローラーがよく使う言い回しだ。何かに対する積極的な振る舞い、例えばドカ食いでも、時事ネタに対する刺激的な見解でも、「俺はロックだから！」ですませようとする。周囲は「さすがですね～」と持ち上げるのだが、それがおおよそ嘲笑であることに、当人はなかなか気づかない。ピュアなロック魂を見せつけてやったくらいの気持ちでいる。恥を麻痺させる効能はロックには含まれていないのだが、彼らはそれを主たる力としてロックを乱用する。

「女性セブン」の記事によれば「家でも外でも、四六時中自慢のリーゼントを崩さない。寝る時も大量の整髪料をつけて髪形を維持する」という。今回の件で取り沙汰されたのがモラル・ハラスメントという言葉。こうしていろいろなところで「ハラスメント」が語られると、なんでもかんでもハラスメントにしやがって、という揺り戻しがくる。

しかしハラスメントを投じる側の人間、「俺は先に死ぬけど遺伝子はよろしく系」のおっさんが、なんでもかんでも「男ってそういう生き物だからさぁ」ですませにかかるかぎりは、ハラスメントの定義づけはひとまずなんでもかんでも波及させていくべきだと思ってしまう。毎夜リーゼントを崩さない旦那から「人間としての価値もない」と一晩中罵られてきたとされるリーゼント・ハラスメントは滑稽ではすまされない。ロックンロールの誤用、これには引き続きの監視が必要。ロックリスナーとしての責務である気がしてきた。

夏目三久アナは「間」を統率する

番組開始から五年間、『マツコ&有吉の怒り新党』（テレビ朝日系）で進行役を務めてきた夏目三久アナウンサーが二〇一六年三月末で降板した。この番組をほぼ欠かさずに見てきたが、ずっと謎に思ってきた点があって、もしかしたら数人くらいとなら共有できるかもしれない。

読者から届いた「怒りの声」について二人が議論し終えると、採用か不採用かを決め、夏目が隣に置かれている箱に仕分ける。仕分け終えると「続いてまいります」と次のお便りに移るのだが、次の「怒りの声」を読み上げるまでの一秒ほど、カメラは高いアングルからの三ショットを映す。そのショットに映る夏目の口の動きと、映像に被さる夏目の声が必ずズレるのだ。夏目の正面ショットに切り替わると、音声と映像は合致している。あのズレた一秒を、なぜわざわざ残し、繰り返したのだろう。疑問が晴れないまま辞めてしまった。

番組が始まった当初は、毒舌ブームを象徴する二人の「怒り」の切れ味を堪能する番組だっ

たが、その切れ味は徐々に弱まっていった。弱まったというか、二人が意識的に弱めていった。始まったばかりの頃は「怒り」の攻勢に困惑していた夏目も、そのうちに二人を生かすための冷静さを発揮するようになる。夏目が投稿側の意見に自分の意見をにじませるようになり、その意見を二人が抽出することで、牧歌的な空気が生み出されていった。二人でまとめ上げた意見であっても、投稿者を介した夏目の意見を受け止めて「んまぁ、それもそうね」と理解を示す場面が見受けられるようになった。

夏目がMCを務める朝のワイドショー『あさチャン！』（TBS系）は二〇一四年春からスタートしたが、最初の一年間は学者・齋藤孝と夏目が横並びのスタイルだった。バファリンの半分は優しさでできているらしく、私たちは残りの半分に期待して飲み続けているわけだが、齋藤孝はすべてが正しさでできていて、深刻なニュースでもコミカルな話題でも「これぞ正答」しか並べてこない。朝から注げる優しさを半分どころか少しも用意できなかった自分は『あさチャン！』にチャンネルを合わせることができなかった。夏目が一人で全体を管理するようになってからも、番組全体に正しさが充満する傾向は変わらないものの、ひとまず温度調節は可能になりました、くらいの柔軟さは伝わってくる。

特に目新しい考察でもないが、マツコや有吉がお題に対して前のめりになっている時の、夏目の「間」の取り方は絶妙だった。二人の議論がひと通り熟して終わらせるべき段階に入っても、すぐには参加せずにひと呼吸おく。かと思えば、まだ二人の議論が続いているのに、ズケズケと切り込んでいく。二人が築くテンションの強弱を「間」で崩していくのだった。

アナウンサーが書いた本をいくつかまとめ読みしたら、押し並べて「間」についての悩みや技法が吐露されていて驚いた。テレビ東京の狩野恵里『半熟アナ』（ＫＡＤＯＫＡＷＡ）には、『モヤモヤさまぁ～ず2』（テレビ東京系）を大江麻理子アナから引き継いだばかりの時、さまぁ～ずから「間を埋めすぎ」と注意されたとあるし、フジテレビに在籍していた高島彩『聞く笑う、ツナグ。』（小学館文庫）には、大塚範一から、無理にコメントを挟まなくていい、と言われて「大塚さんの作る「間」を邪魔しないように心がけました」とあるし、日本テレビに在籍していた馬場典子『ことたま』（実業之日本社）には、間を埋めるための早すぎる返事、早すぎる反応、適当な相槌が増えがちだが、「間を恐れない」「間は魔ではない」と思うことが大事だと繰り返し主張されている。

元ＮＨＫアナウンサー・松平定知も、「おアイソ相槌」だけは打たなかったと、『アナウンサーの日本語論』（毎日新聞社）で述懐している。自分がインタビュアーになった時には「自分がわかる、わからないに関係なく聞くことに徹する、聞くことに耐えることこそ大事だ」と先輩から教わったのだという。つい私たちは、アナウンサーの技量の足らなさを「あの人、しょっちゅう噛むじゃん」で指し示しがちだが、当人たちは噛む・噛まないよりも、「間」の取り方に頭を悩ませてきたようなのだ。夏目は、生じた空間をそのままにしたり遮断したりして「間」を統率する。ようやく寝静まろうとした議論を夏目が起こすことで、大きな笑いを生み出す場面も散見された。

松平アナは『ニュース11』（ＮＨＫ）で隣り合っていた久保純子アナが「なにげに」という言

葉を使った時、生放送中にもかかわらず「次からは「何げなく」って言いましょうね」と指摘した。すると、ＮＨＫには視聴者からの反応がいくつも寄せられ、その大半は「そのとおりだ」「よく言った」だったが、なかには「弱い立場の女性を公衆の面前で罵倒するとは何事か」という意見もあったという。なんだか指摘する側の登場人物全員が面倒臭いなぁ、という印象だが、女子アナというのは、こうして、ただひたすら誰かから計測される職種として更新され続けている。レベルに達しているか達していないか、とジャッジされやすい職種にあって、「間」を統率しながら、マツコと有吉に向かって淡々と「お二人がクズなんだと思う」などと言ってのけた夏目は、アナウンサーとしての優劣を計測してもらうのではなく、そもそもそういう根本を打破する方法を模索している人なのではないかと思う。

僕たちは神田うのを更新しながら生きてきた

「テレビに映る女性が道端の誰なのか、に迷ったら、大抵はアンジェリカだ！」と熱弁していた親友とはもう一年半ほど会っていないが、次に会ったらなぜそう断言したのかを問い質さなければいけない。なぜなら、こちらがテレビで見かける道端は大抵の場合、ジェシカだったからだ。しかし、テレビのなかに出てくる「道端の誰か」に対する三十代男性の応対としては、両者とも無難であるとは思う。慌ただしい毎日、道端を細かに判別している余裕などない。

抜群のスタイルやゴージャスな生活を繰り返し押し出してくるのは、その言動を適宜引き受ける人がいるからだが、その矛先から自分が決定的に外されている場合、わざわざ自分からその対象に向かっていく必要はない。テレビに出てきた「道端の誰か」を、アンジェリカか、ジェシカか、もう一人か、判別しないままでもいっこうに構わないのだ。

働かざるもの食うべからず、
って言いますし私

そもそもテレビのなかの人なんて、圧倒的に自分とは関係のない人、と考えるのが賢明な態度ではある。ＣＤを何百枚と買って、お気に入りの少女に投票して「これが彼女のためになる」と、育て親のような顔をしてご満悦な人たちもまだまだいらっしゃるようだが、その一連の仕組みは彼女のためではなくあなたたちのためである。そこに気づくことから始めないと、いつまでも芸能界の内側に操られることになるが、もしかしてたくさん票を投じている自分は他の人よりも内側にいると思っていらっしゃるのだろうか。

ファン心理というのは、「操られてもいい」という譲歩から優しく起動し、いつの間にかふくらんでいく。女の子に気に入られるために投資しまくるべし、という環境設定は夜のお仕事そのものなのだが、例の総選挙ほど露骨でなくとも、ファンの忠誠心はそれぞれの対象に注がれ、視線の濃さと熱さが常に問われていく。そんな濃度および温度は一部の人だけが持っていればいい。自分の周辺が「道端の誰か」ですませていても、ある一定の人にとって明確にアンジェリカならば、明確にジェシカならば、明確にあとのもう一人ならば、道端の誰かは私たちの前に登場し続けるのである。

とっても、簡単な話をしている。単なる需要と供給の話だ。需要があれば、供給される。供給されても、需要がなければ供給が止まる。何も芸能界だけの論理ではなく、あらゆる市場の論理だ。神田うのという人は「「この人のどこに需要があるのだろうか」と疑問視する需要」を根こそぎかっさらってきた人だ。もっと具体的に言えば、梅宮アンナとシェアしてきたその需要をかっさらった人だ。つまり、彼女は「なんでまだ神田うのが」と思われ続けてきた。これは、芸能界の需要と供給という市場の論理から逃れているし、経営学からも経済学からも逃げ切っていることになる。

昨年（二〇一五年）、ベビーシッターに三千万円相当の窃盗を働かれていたことが発覚、さすがに同情を買うのかと思えば、ベビーシッターを四人も雇っていたことに非難が集中するという特異な事態に陥った。芸能界の論理と市場の論理から自主的に逸脱してきた彼女も、「子育て」という市井の論理からは自主避難しきれずに力強いバッシングを受けることになったのだ。散見された「子育てをベビーシッターに任せっきりにしていたのだから自業自得」との意見は、なかなか乱暴である。自らを「うのはＵＮＯ」（著書名）と治外法権化してきた彼女だが、大金をはたいて子育てを誰かに任せるという選択には、強固な一般常識を被せられるのだった。

『うのはＵＮＯ』（ベストセラーズ）の刊行記念インタビュー（「楽天ブックス」）で、ネパールのストリート・チルドレンと交流したエピソードを語っている。洋服、栄養補助食品、教科書などをたくさん持っていったそうだが、最後に何か他にほしいものがあるかと聞くと「石鹸」と答えた。神田うのはその模様をこう伝える。「住む場所がないから、彼らは汚い川で水浴びしてるの。「ぼくたち、おねえちゃんの側にいるのに、おねえちゃんキレイなのに、ぼくたちの体が汚いから、石鹸できれいにしたい」って……」

神田うのという人の強みと嫌みは、ここに、（清潔を意味するキレイとはいえ）「おねえちゃんキレイなのに」という文言を差し込んでくるところにある。ネパールのストリート・チルドレンの話でさえ、自分に引き寄せておくことを忘れない。ベビーシッターの一件について、松本人志は『ワイドナショー』（フジテレビ系）のなかで「被害者なんだけど、プレゼンがうまくないから、かわいそうに思えない。せっかく被害者なのに、無駄な情報を放り込んできたりする」（「スポーツ報知」二〇一五年六月七日付）と分析しているが、神田うのはプレゼンの上手・下手、情報の有益・無益を仕分けることから逃れてきた人だから、この指摘は的を射ていない。

そもそも彼女は、芸能界や市場の通例から外れた「「この人のどこに需要があるのだろうか」という需要」を生きてきたのだ。今、タレントの多くは、お客さんとの近さを売りにする。近づけるだけ近づこうとする。特にママタレントはその近さが何よりの勝負ポイントだ。自分とは違う、自分とは別次元の生活、と思われることは、勝負の負けを意味する。神田うのは、ママタレントの法規からしてみれば最たる背反なのだが、神田うのはそもそも法規の遵守で語られる人ではないのだ。

昨今、何か事が起きるたびに率先して囲み取材に応じる芸能人が少なくなってきたから、時折開かれる神田うのの記者会見は、芸能記者にとっては貴重なルーティーンになっているのだろう。この積み重ねが、今もまだ「うのはＵＮＯ」が通用する環境を更新させる。世の流行りから考えれば、「さっき出てた道端はアンジェリカなのか」を特定すべきだが、私たちは目の前の道端をそのままにして、一年のうちの一日の数分ないしは十数分を使って、「うのはＵＮＯ」であることを更新してしまうのである。パソコンソフトは、アップデートなどしなくても、しばらくはそのまま使うことができる。そんな私たちは、ちょっとしたパソコンソフトよりも頻繁に、神田うのを最新版にアップデートしているのである。神田うのにこまめに接しすぎる状態がまだまだ続いていく。

松本人志と時事問題

笑うことだけが、
人間に許された
唯一の特権なんや

十年ほど前、出版社で働き始めて間もなく、研修の一環として数週間の書店勤務を体験した。棚や平台の整理からレジ打ちまでこなす中、最も対応が難しかったのが、本を探しているお客さんからの突発的な問い合わせである。

夕方前にやってきたオバさまが涼しい顔で言う。「さっき、みのもんたが紹介してた本はどこ?」。その「さっき」も店内にいたので即答できるはずがない。困った顔をベテランスタッフに向けると、澄まし顔の奥に少々ドヤ顔を含ませたような表情で、書名を即答している。あとで聞けば、主婦層が多くやってくる書店では「今日、みのさんが番組で取り上げた本」対策をしておくのは当然、とのこと。『おもいッきりテレビ』(日本テレビ系)は終わってしまったが、みの対策がマストだった事実は、「テレビの影響力」を考える時に、いつも脳裏によみがえる。

今、日曜日の午前中にテレビをつけると、以前にも増して社会時事に対して雑多な意見が飛び交うようになってきており、ザッピングしながらこの一週間の出来事をそれぞれがどのように振り返っているかを概観する。

八時台は色合いが明確に分かれる。中山秀征が公論をなぞるだけなのが歯がゆいが、その歯がゆさを感知しているのはテレビの前の自分だけではないかとも思わせる彼の王道感が確かに番組を健やかに支配している『シューイチ』（日本テレビ系）。見解的には共感することが多いものの、チャンネルを合わせた瞬間の色彩感の乏しさが町内会の寄り合いのような『サンデーモーニング』（TBS系）。毎週、ゲスト論客を切り替えては、偉い人と鋭い人とただの偉そうな人を混在させている『新報道2001』（フジテレビ系）。

それなりに丁寧な考察が並んだ番組のあとに、十時から『サンデー・ジャポン』（TBS系）と『ワイドナショー』（フジテレビ系）という、丁寧な考察を本音ベースで破壊して再構築してみせる取り組みが並ぶ。二〇一四年春から現在の枠で放送されるようになった『ワイドナショー』での議論は、松本人志の発言を中心に、しょっちゅう安上がりのネットニュースに取り上げられるようになった。

これによって私たちが受けている恩恵を探すとするならば、十二時前からの『アッコにおまかせ！』（TBS系）で和田アキ子が何と発言したかがニュースとして取り上げられるケースが極端に低減したことである。彼女自身、誰に確認するでもなく、私に「おまかせ！」というスタンスに自信を持ち、NewsをPicksしてSmartなNewsとして伝えているつもりだから、なぜだかネットと親和性が高く、歯止めが利かなかった。それに対してその前の時間帯に放送される松本人志が拮抗することではねのける構図が生まれた。つまり、アッコのオピニオンと向き合う前に、こっちが満ち足りてしまうのである。

芸人が社会時事に突っ込みを入れる、そのこと自体はまったく新しいことではないのだが、「松本人志がこう言った」の情報価値はやっぱり突出していて、太田光や北野武のようにあらゆる社会時事に毒素を含ませて突っ込むことを長らく繰り返してきた人にはない鮮度がまだまだ保たれている。その週に起きたニュースに対してとにかくラディカルな見解を示そうと試みるのが太田だが、同時間帯の松本は、ニュースに対して見解を示すというよりも、そのニュースを受け止めた世間の反応や見解に対して異議を申し立て、結果として、問題の主体となる側の論旨を補強しているきらいがある。具体的な発言例を挙げよう。

安保法制に反対する高校生たちのデモの様子を流したあとで、「〔反対している人は〕単純に人の言ったことに反対しているだけであって、対案が全然見えてこない」。

日本スケート連盟会長の橋本聖子がフィギュアスケートの高橋大輔に無理やりチューをした件について、「議員をやっていく上で、そのくらいのパワーはいる」。

新幹線で泣きやまない子供がいたことに対して、「〔親が〕「申し訳ない」という顔をしてくれたら、すべて丸く収まる」。

こうして「ぶっちゃけ」の力学が、その事案によって揺さぶられているほうではない側をリカバリーする結果に働く。

世代的に松本人志の笑いを存分に体感してきたが、『IPPONグランプリ』（フジテレビ系）を見ていて、その陰りを感じてしまった。大喜利方式で芸人たちの与えられたお題に対する答えの面白さを競う番組。別スタジオで見ている松本人志は、ひと通り終わったあとで同じお題に対して自分の回答を示してみせる。現場の流れを断ち切ったあとで改めて披露するのでハードルが上がるとはいえ、この回答が押し並べて面白くないのである。

何よりも後輩芸人たちが、「松本さんが言った答えだから」とお約束で笑っているようなのがいただけない。これでは『アッコにおまかせ！』における「峰竜太的下僕精神」に準じてしまうが、あの精神は峰竜太に専有させるべきだし、お裾分けするとしても勝俣州和程度に留めたい。一時代の笑いの法規を築き上げた人なのだから、「松本さんだから」と気を遣わせる機会を減らしてほしいと、傲慢ながらも切望するのである。本人がそのことに気づいていないとは思えない。

「さっき、みのもんたが紹介していた本」という強引さ。書店研修時は「んなもん見てるわけねぇだろ」という腹心を必死に抑えていたが、テレビという存在は、あるいはテレビの中に陣取る人は、それほどの強制力をまだまだ持っている。松本人志の時事問題に対する見解はおよそ強者側の意見を踏襲する。その「強者側につく」ことと、テレビが持つ「強制的な力」はもちろん異なる作用だ。でも、それが重なるとやっぱり強い。昨今、世の中の仕組みを根底から覆そうとする施策が目立つというのに、『ワイドナショー』での松本人志が、そちら側に重ね合わせるように強い力を堅持しているのが、いささか残念なのだった。

黒柳徹子は若者に苦言を呈さない

黒柳徹子のモノマネを人に強いれば、百人のうち百人が早口かつ甲高い声でしゃべりだすだろう。北野武のモノマネを強いた時、首を傾げて肩を回しながら「ダンカン、馬鹿野郎！」と声を荒らげるのは百人のうち七十人くらいだろうか（「ダンカン、この野郎！」と票を分ける）。それは、タモリのモノマネを強いられて「髪切った？」と真似る確率とどちらが高いだろうか（「明日、きてくれるかな？」と票を分ける）。いずれにせよ、一〇〇パーセントにはなるまい。つまり、芸能界において、その存在が記号化されている最たる例が黒柳徹子ではないか。

「記号化」は「国民的」とは少し違う。黒柳徹子いわく、ジャニーズJr.の森本慎太郎（一九九七年生まれ）は『徹子の部屋』（テレビ朝日系）に出演した際、「ふだん、私を見た事がない」（黒柳徹子『トットひとり』新潮社）と伝えたという。これはきわめて重要な指摘である。彼はインフルエンザで学校が休校になった時に黒柳徹子を初めて見て「どうして、この人はキノコ頭なの？」と母親に問うたという。つまり、「黒柳徹子の髪形＝タマネギ頭」という情報すら頭に入っていなかったのである。

学校に通っていて知らなかった森本と同様に、働きに出かけている人は基本的に『徹子の部屋』を放送時間中に見られない。「最近、いつ××しましたか？」というありがちなアンケートに当てはめるように「最近、いつ黒柳徹子を見ましたか？」と問うても、『世界ふしぎ発見！』（ＴＢＳ系）を見ている人を除けば即答できる人は少ないのではないか。つまり、黒柳徹子の存在は、ペーパードライバーの免許更新のように、具体的に経験していないのに淡々とそのまんま更新されている可能性が高い。

普段見なくても、限りなく高い確率でそのディテール込みで認知されているのは、彼女が何かと繰り返すことを好むからだろう。黒柳徹子は自分自身を「一度何かを決めたら、飽きない性分」と分析し、「テレビの出演料と同じぐらいのお金をいただけるのなら、「職業・袋貼り」でもいい」（黒柳徹子『徹子ザ・ベスト』講談社）と語っている。四十年間続いている『徹子の部屋』、その間ずっとタマネギ頭の髪形を変えないのは、もし髪形を変えてしまった場合、視聴者が自分の髪形ばかりに気をとられてしまい、その日のゲストの話に集中してもらえないからだという。「髪切った？」の『笑っていいとも！』（フジテレビ系）が三十二年、髪形を変えない『徹子の部屋』は四十年を超えた。それで何かを証明できるわけでもないのだが、タマネギ頭は変わらぬ美学を突き付けてくる。

「スマホなんて持ちません！」と強がりながら、世の変化や利便性に抗う姿勢を見せるのはストレスがたまる。なぜって、たちまち面倒臭い人と括られるからだ。確かに「オレ、一癖あるぜ」感を創出したいだけの「便利に抗いたい系」も多く、世の利便性を建設的に避けている人ってごく少数だろう。黒柳徹子は向田邦子と親交が深かったが、向田が自宅に留守番電話を取り付けたあとに電話をかけ、「御用件を、この電話におっしゃって下さい」と読み上げる向田の声に向かって「あーら、こんな機械つけたの？」と話しかけ、途中で切れてしまったという。凝りもせず再び「ねえ、機械に話す、っていうのも、なんだか、恥かしいじゃない？」と吹き込んでいたら、またしても切れてしまったという（前掲『トットひとり』）。このエピソードには「便利に抗いたい系」には欠ける破壊力が備わっている。

こんなエピソードもある。映画『アリス・イン・ワンダーランド』を３Ｄで鑑賞した黒柳徹子は終盤で少しだけ寝てしまい、目を覚ますと「私の顔の左側20㎝あたりにウサギが跳んだりはねたりしててビックリ」し、「家のベッドで観ているような気になっていたので、「何で家にウサギが？」って」（前掲『徹子ザ・ベスト』）と驚き、その勢いのまま、「突然ものが出っ張ってくる」映画への違和感を表明している。リアリティを追求しながら３Ｄ映画を制作している皆々も、何で家にウサギがいるのか、という疑問には答えることができないだろう。

この原稿を書くために五冊ほど黒柳徹子の著書に目を通したが、この人はとにかく若き世代に苦言を呈さない。年配の作家によるエッセイ本には、その多くで若者に対する苦言が出てくるものだが、彼女の本には出てこない。苦言連発の代表格である曾野綾子の著書を開けば、息つく暇もなく若者への苦言が連なる。黒柳徹子も曾野綾子もアフリカなど貧困地域での活動経験を著書に多く記すが、後者の場合は、漏れなくそれが「アフリカの子供たちと比べて、恵まれている日本の若者ときたら……」と苦言につながっていく。黒柳徹子はそういった論理をいたずらにバラ撒かない。最近の若者には草食系男子が増えていると言われていても、「ゾウだってカバだってサイだって、みんな草食よ」(同書)と適当に放り投げる。

私たちは、「私は私」的なことをスローガンのように使う人を見かけると多くの人は「芯が強い」などと思うわけだが、実は、他者がどうであるかを気にしまくっているからこそ「私は私」と発するわけである。黒柳徹子はリアルに「私は私」だから、そんなことを口にしない。苦言も呈さない。周囲を気にしないから、ブレようがない。黒柳徹子は、「個性とは何か」「自分らしさとは何か」という問いかけ自体が、個性や自分らしさを遠ざけることを教えてくれる。

彼女の放言スタイルを踏襲するように適当な意見を投げておくと、彼女のスタンス、就活とかに使えるんじゃないかな。

ざわちんは板野友美をやめてはいけない

ふとつけたテレビで放送されていた『情熱大陸』（TBS系）では、ネパールでオーガニックスキンケアブランドを運営しながら、傷ついたネパール人の女性たちにメイクを施し、笑顔を取り戻してもらうプロジェクトをおこなっている女性起業家・向田麻衣さんを追っていた。人身売買で村に連れてこられた女性が、初めての化粧に色めき立っている。しかし向田さんはカメラに向かって「闇雲に「化粧が世界を変えるんだ」とは口が裂けても言えない」と言葉を選んで、譲歩していた。彼女はおそらくこれまでも、「でもさぁ、一日だけそんなことして意味あんの？」と投げやりな批判を受けてきたのだろう。現地の女性に化粧をする彼女を映しながら、例の調子でナレーションがかぶさる。

「二年前はただ無心だった向田の様子に、今は微かな憂いがある。無力な自分への苛立ち、だろうか」

この番組は時折、飲んでいたコーヒーをぶちまけたくなるナレーションを入れる。幸いにもコーヒーを飲んでいなかったのでぶちまけることはなかったが、「無力な自分への苛立ち」を勝手に仮定し、「だろうか」という断定と推量が交じり合う語尾を付着させると、あの落ち着いた語り口も相まって、不思議と、断定として響く。必要以上に物語性を投与したくなるのは制作者の常なのだろうが、物語を軸から変えて勝手に飾り付けてしまうこの番組のナレーションはいっつも気になる。丁寧に、静かに、川を漕いできたところに、わざわざ人工的に波を起こすような言葉遣い。その人工に、これまでの自然物がさらわれてしまう。誰を引っ張り出しても「すごいことやってる人も、いろいろ葛藤しているんですね」という当たり前の結論に帰着させたがるこの番組は、抱えている葛藤という具材に、とっても雑な味付けをする。「大戸屋」で食べると何食べても同じような味がするのと同様。

高橋ジョージの離婚騒動に絡んで「モラハラ」という言葉が頻出したタイミングで、モノマネメイクアーティスト・ざわちんが、恋人と交際一週間で別れたことを明らかにし、ワイドショーやスポーツ紙が軒並み「ざわちん、モラハラで破局」と報じた。「仕事に理解がなく、束縛がひどかった。非常識でした」とし、北川景子や小嶋陽菜のモノマネメイクで会うことを要求されて困ったと語った。繰り返しますが、交際期間は一週間。日曜日に始まって土曜日で終わる、日月火水木金土の一週間。

本書でも、何度か似通った指摘を書いているが、芸能人は、このようにして自分のイメージに「内」から物語性をどんどん注ぎ込んでいく。この場合における「内」とは、本人だけでなくマネージャーや事務所も含まれる。でも、「内」で物語を粗造しすぎるとやっぱりバレる。僭越ながら、「内」からの粗雑なプレゼンを見かけると、「あのう、受け手はそんなにバカではありませんよ」とお伝えしたくなる。

マスクで顔の下半分を隠し、主に眉と目のまわりのメイクだけで芸能人を真似るという新しいスタイルのモノマネで脚光を浴びたざわちんは、二〇一四年後半頃から、「マスクをとる・とらない」という自分の葛藤を繰り返し語るようになった。それこそ『情熱大陸』の出演回でもその辺りを主題にしていたし、マスクを取るとネットでかわいくないと叩かれて……という悩みを頻繁に吐露するようになった。その吐露を受け、真摯に受け止めようとはするのだけれど何だか面倒臭いな、という静かな困惑が、スタジオや茶の間に広がる。

モノマネタレントのコロッケが、長年、無断でモノマネをしてきた岩崎宏美に謝りにいくという番組を見た。モノマネを始めた当初、岩崎が自身のコンサートで「シンデレラ・ハネムーン」を歌おうとすると、アゴを突き出して歌うコロッケの様子を思い出した会場からせせら笑いが聞こえ、この曲を一時期封印せざるをえなかったという。岩崎は「私ってこんなにアゴ出てる?」と苛立ったそうだが、今ではコロッケのモノマネのおかげで自分のことを知ってくれる人が増えた、と逆に謝辞を述べた。

ざわちんは、空前絶後の羽生結弦ブームと空前絶後の板野友美の失速を天秤にかけて、「今があるのは羽生選手のおかげ」(『二〇一四年余談大賞』TBS系)と述べている。彼女が話題になったきっかけが板野友美であることは、ざわちんの「ちん」が板野の愛称「ともちん」からきているることが証明してしまっているが、モノマネの世界のレジェンドであるコロッケに倣うならば、ざわちんは、それでもなお板野友美の真似をする、という美学を貫くべきだと思うのだが、どうだろう。流行ものに飛び付くのではなく、クラシックをリフレインすることで得られるシンパシーだってある。

流行りの芸能人のほとんどは、『情熱大陸』的な外からの物語化、ブログや「Twitter」などで親しみやすさを撒いて築いていく内からの物語化、この二つを慎重に調合していく。一週間で別れた彼がモラハラだった、ブレイクのきっかけは羽生のモノマネだった、が象徴するように、「内」と「外」の両立を諦めて、思い付いた途端に「内」から次々と物語を提出してくる人たちが増えてきた。流行り廃りのサイクルが早まっているから、熟成している時間がないのだろう。でも、熟成前に出しちゃうそれぞれは、やっぱりじっくりは味わってもらえない。

葛藤を見せてくるざわちん、『情熱大陸』的には「無力な自分への苛立ち、だろうか」でまとめられるのだろうが、ただただ「内」の管理がガサツなだけに見える。新ネタが似ているか似ていないかばかりに気を取られて、物語の管理・運搬がとっても粗い。もう一度繰り返す。AKB引退組が押し並べて輝きを失うなか、それでも板野をやる。岩崎宏美がやがてコロッケに感謝したように、続けることがもたらす好転を待つべきではないか。最近、めっきりお見かけしなくなったが、それでもなお板野友美の真似をする、という美学を貫くべきだと思う。

女子力高い織田信成だけが男らしかった

二〇一四年十一月、上海で開かれていたフィギュアスケートのグランプリシリーズ中国カップの本番直前に、練習中の中国人選手と正面衝突、頭を強打し流血するも、フリーの演技を強行した羽生結弦。始まる前、顔をしかめながら止血した頭を押さえていた彼。そんな状態の選手の背中を、大会運営側と放送局が一致団結するかのようにリンクへと押し出した空気は、常軌を逸していた。

彼のコーチであるブライアン・オーサーは「今はヒーローになる時ではない」と説得しつつも最終的に「彼の目を見て大丈夫だと思った」（「朝日新聞」二〇一四年十一月九日付）と、ジャパニーズスタンダードの体育会系が泣いて喜びそうな根性論で送り出してしまったが（後述するが案の定、泣いて喜んでいた）、「目を見れば大丈夫」が脳震盪のリスクを平然と上回っていく様子は異様だった。

激突した当初は「演技するべきではない」と繰り返し指摘していた松岡修造だが、いざ演技を終えると「これが男だ！」と興奮してしまった。解説者の佐野稔は「生々しい現場に私は居合わせたこと、とても幸せに思います。そしてその強さを男たちが見せてくれた。いやー、いい中国大会だった」とご機嫌に話した。録画しておいた放送を振り返って確認すると、佐野は演技の前に「〔激突による影響は〕脳のほうまでいってると思う」と発言している。つまり、脳のほうまでいってると思いながら彼を送り出し、それを「生々しい現場」だったと鼻息荒らげているのである。こういう男にスポーツを語る資格があるのだろうか。

感極まる松岡や佐野とは打って変わって、このところ、箸が転がっても泣き散らしている印象さえある織田信成は涙を流さず、至って冷静だった。実況アナが、羽生一人に絞った感動コメントを欲するパスを出しても、織田は「〔羽生と激突したエン・カンの〕両者に拍手を送りたい」と答え、この騒動のなかで演技を披露した「すべての選手にエールを送りたい」とした。彼は、放送局が急ぐ「スポ根ドラマ」の生成にうなずけなかったのだろう。演技終了後、彼は何を聞かれても羽生とエン・カン両者の名前を挙げて語っていた。いつにも増して、言葉の選び方が慎重だった。

バラエティ番組やトーク番組に数多く出演し、女子力ＭＡＸの切り返しで場の空気をほぐす立ち回り役として重宝されている織田信成。パンケーキ屋巡りをし、ＩＫＫＯからもらった洗顔石鹸を使い、最新ダイエット情報にも精通し、肌が荒れてきたらフェイスパックをする彼は、「ViVi」の「噂のビューティ70」企画にまで登場、「美容に時間もお金もかけてる女子ってほんとにスゴイ〜！」とキャピキャピ弾けている。より具体的な提案をしておけば、こじらせ女子系のコミックエッセイの推薦文を彼に頼むべきだろう。もう頼まれているかもしれない。そして、ワイドショーのコメンテーターでは「子を持つ父親」を見事なステップと着地で繰り返している。

移動中の新幹線で富士山を見ながら長渕剛の「乾杯」を聴いて泣くのがストレス解消法だと語る織田信成。富士山と長渕の掛け合わせは女子力からは最も遠いはず。しかし、「(富士山×長渕)÷織田信成＝」という数式の答えは不思議と「女子」だ。どんなに雄々しいものを掛け合わせてみても、織田信成で割ると女子になる。どんな細胞でも酸に浸すとＳＴＡＰ細胞になるのと同じ仕組みだが、織田のほうにだけ何度も成功例がある。

織田信成を数式に持ち込むとすべてが女子化する。織田は、羽生がケガをしたあとに放送されるバラエティ番組で彼のモノマネを披露していたことを、先んじて「大変な時期に不謹慎な事をしてしまい大変申し訳ありません。中国杯以前の収録であった事をご理解して頂けると幸いです」と「Twitter」に書き込んだ。このきめ細やかなケアもまた、彼の女子力を裏づけるかのようだった。

羽生の件を、『スッキリ!!』(日本テレビ系)で勝谷誠彦が「血を流した羽生くんは美しい」と語り、女性や選手への暴行騒動を重ねてきたデーブ大久保(当時は楽天監督)は「闘志がすごい。あれが勝負できる男の姿。見習わないといけない」と漏らしてしまう。先述のとおり、松岡や佐野はやたらと「男」と繰り返していた。「安藤美姫選手の出産を支持しますか？」とアンケートをとった週刊誌の存在を思い出したが、とりわけスポーツの世界は、この手のひからびた性差にまだまだ男の物語を詰め込んでしまう。

「女子力」という言葉の安売りセールが続くが、こうなったら常識をぶつけて性差を正すより、織田信成の女子力で性差をバグらせてもらうほうが、とりあえず事は改善に向かうのではという気にもなってくる。これまでは織田の女子力をネタとしてしか受け止めてこなかったが、こういった有事に向かっていく彼の女子力は、スポ根ドラマを避けるための正当性を含んでいると教えてくれる。少なくともあの時、出ていくべきではなかったリンクに出ていく判断をした羽生（とエン・カン）に冷静なメッセージを送ったのは彼だけだった。女子力を鍛え上げてきた織田が、何もかも女子化させる織田が、誰よりも男らしかったのだ。

大江麻理子アナは誰にも嫌われないはずだった

競技としてのディベートでは、自分の真意とは関係なく、与えられたポジションの答弁を試みるのがルール。たとえ個人的に「死刑賛成」であっても、「死刑反対」の論陣に加われば、反対する理屈をこねなければならない。その際に手っ取り早いのは、自分が賛成する理由をそのままひっくり返すこと。「殺された側の人権を最優先に」を「殺した側にも人権があるのでは」とひっくり返していく。この意識を持てば、いかなるディベートでもひとまず論陣を張ることができる。

大江麻理子アナは実にディベートがしにくいアナウンサーだ。何せ賛成票が肉厚である。無理やり「反対してください」と言われて、賛成の理由をひっくり返してみたところで、それが反対の理由として使えそうにない。「キレイじゃない」「ニュースが読めない」「性格がよくない」「私生活がだらしない」。朝方フジテレビに出てくるようなアナウンサーたちは、これらを

いくつか結合された上で適当にバッシングされてきたし、それに耐えてこそ、と、思われている節があるけれど、大江アナはそういう適当な目にもあわない。「大金持ち×バツイチ×五十歳」と結婚という、「反対」の論陣にとって格好の素材が提供されたというのに、ひとまずは素直に失望、「祝いごとを逆張りで突つきたくなる連中（自分も含む）」がちっとも表出しない。これはなかなか奇跡的な出来事であった。

『ワールドビジネスサテライト』（テレビ東京系）のメインキャスターを務める前に一年間ほどニューヨーク勤務、というのは、今から振り返れば既定路線だったのだろう。その転勤の報を聞いた時に、こちらは息継ぎもせずに「海外でよろしくやってる元・女子アナみたいなオシャレエッセイ出さないでほしいけど幻冬舎辺りで行間たっぷりの本を出すんだろうな絶対あーあとってもガッカリだよ大江さん」と先読みして残念がったのだが、彼女はその手のものを出さなかったのである。モーニングには欠かせないお薦めのパン屋や仕事帰りにふらりと立ち寄るカフェなど、海外移住組が移住数カ月後からこぞって取りかかる一冊に取りかからなかったのである。数々のオファーを断ったのは想像に易く、この甘い誘いを振り切った信念は特筆しておくべきだろう。

オリンピックを東京に呼び寄せるために、ここ日本では財布を落としてもそのまま戻ってくるんですと「お・も・て・な・し」精神で日本のすばらしさを語ったキャスターは、それ以前に出していた著書『恋する理由――私の好きなパリジェンヌの生き方』（講談社）で、「フランスと日本のダブルアイデンティティとして生まれた自分自身の人生観」（紹介文より）を百パーセントフランス礼賛で語っていたけれど、読者がうらやましがる環境をへりくだって伝えるこの手の流れに、大江アナは乗っからなかった。「イチ会社員なので」という避け方はあるにせよ、自分を心地よく持ち上げてくれるエサを食べずに過ごすというのはそれなりに難儀だったはず。

ＴＢＳを退社した吉川美代子アナを追うドキュメントを見ていたら、ディレクターが発した「女子アナとして……」という言葉に反応して、「私は女子アナという言葉が嫌いです、下に見ている言葉ですから」と顔を曇らせていた。「後で後悔したことはないんですか」という問いかけには、「後で悔やむと書いて後悔ですから、〈後で後悔〉はそもそも使い方を誤っています」と正していた。すべておっしゃるとおりと思うけれど、消費される「女子アナ」という言葉への懐疑や「私たちはプロ」というプレゼンって、要するに「女子アナなんて」というディベートに反対する上での真っ当さであって、女子アナ像そのものを改めさせる答弁にはならない。

『モヤモヤさまぁ～ず２』（テレビ東京系）に出ていた時代、大江アナは途方もない無茶振りに応え、露骨なセクハラを淡々とかわしてきた。さまぁ～ずの特性はまた別の機会に考えたいが、これまでの女子アナの役割をひとまず引き受けながら、そこからテキパキとひっくり返し続けるあのタフネスは、女子アナ像を具体的に改めたと思う。後任の狩野恵里アナも評判なのは、大江アナと同じく、この受容と反転がすこぶるうまいからだ。

日本テレビの水卜麻美アナや『あさイチ』で人気を博すＮＨＫの有働由美子アナなど、「高嶺の花ではない、親しみやすい女子アナ」が目立ってきているが、実は二〇一四年の時点で水トは「好きな」で一位になる一方で、意外にも「嫌いな」で十位にランクインしているし、有働は「好きな」で六位だが「嫌いな」でも六位だった。数年前に、大江アナと夏目三久アナを「嫌われない女子アナ」としてセットで論じたことがあるが、その夏目は「好きな」で三位だが「嫌いな」でも（有働と同票で）六位にランクインしている。バラエティで口うるさい面々に鍛え抜かれたアナウンサーが報道方面へ移行するという、大江と夏目は同時期に似た動きをしたわけだが、大江アナだけがちっとも嫌われていない事実は、ただただ大江アナの強度を物語っていた。

ところが近々の「第12回　好きな女性アナウンサーランキング」（二〇一五年十二月発表／「ORICON STYLE」）で、大江アナは前年の四位から十位に大きくランクを落としている。何一つ後ろ向きなアクションが降りかかることのなかった大江アナだが、番組露出が限られてくる中での自然低減なのだろうか。エッセイは出さなかった大江アナだが、実は女性アナウンサー史上初となる単独でのカレンダーを発売している。吉川アナが苦言を呈すような女子アナのアイドル扱いを踏襲しなかったにもかかわらず、むしろどの女子アナよりもアイドル的なことをやってのけるという見事な離れ業ではあった。ファンの新規開拓よりも既存のファンの深度を優先したということなのか。

局アナ時代の田中みな実がカレンダーを出しますとなれば、女子アナの消費もここまできたかと野次られただろう。アイドル扱いがダメならと、安藤優子や滝川クリステルのようにキリッと一人で立とうとすると、それはそれでまた煙たがられる。かわい子ちゃんでも、キリッでもダメ。一体どうすればいいのか。日頃、「上目遣いで大谷翔平選手を見つめながら体をペタペタ触っていた」などの理由で叩かれている女子アナたちは、八方から塞がれている。「えっと、みなさんはこれから八方塞がりになりますが、それでも笑っていられますか？」が採用基準となる。

結婚しても八方の通気を確保した大江アナの一強時代は続いたが、下火にはなっている。それは下降ではなく文字どおり下火で、火を灯すための薪の量を大江が減らしてきただけである。こうなると、余計な心配を吹っかけるだけになるが、『ワールドビジネスサテライト』の初代メインキャスターは小池百合子、先輩の背中を追うことだけはやめてほしい。前任の小谷真生子キャスターは絶えず政界進出が噂されてきたが、結局、出ていない。やがて火が消えそうな時に、脂っぽくて燃えやすい永田町からのオファーだけは引き受けないでほしい。

ネプチューン名倉潤を終電まで語り尽くす必要性

上司が部下を会議室で査定するように、部下は上司を居酒屋で査定している。これまでの見聞を平均化すると、社長をはじめとした役員の査定は最初の一杯くらいで終わる。つまり、場慣らし程度だ。議論が盛んになるのは、課長クラスについて。ここに費やされる時間が長い。各セクションに点在する課長クラスをじっくり査定していくのは、ずば抜けたカリスマがいるわけではないアイドルグループの推しメンをそれぞれが主張するのに似て、議論が長期化する。

「顔は好みなんだけど、スタイルがちょっとね」という偉そうな推しメン査定と同様に、「仕事はできるんだけど、人望がちょっとね」という偉そうな推し課長査定が、やがて「こないだ天丼をおごってもらったんだけど食べ方が汚くて最後は衣だけになってた」や「毎年、年賀状をやりとりしているけど、年々、娘さんが課長に似てきてかわいそう」といった、明らかな査定外案件が組み込まれていくことになる。

役員のように、会社に一人か数人しかいないポジションについては、イエスかノーかで査定がすまされやすいが、会社に何人もいる課長クラスは比較対象が多すぎることで議論が延々とループする。年齢の近い同僚と飲めば、当然ながら近い世代に対する愚痴はこぼせないから、最近の課長トピックスを提出し合う「課長ループ」が毎度の酒のつまみになる。結論など出ずに、「あれ、もうこんな時間。もうすぐ終電」を繰り返している査定飲み会の終了時間は、課長に握られる。そもそもワタシ、会社員じゃないくせに、飲み会もめったにいかないくせに、そう断定してみる。

議論が長引くと、議題は中堅どころに行き着く。大御所と新人は常に真っ先に論じられるからこそ、逆に、議論が深まっていかない。テレビに出ている人について、終電まで語り尽くすことはない。そうなると、テレビに出てくる人で論じられるのは大御所と新人、あるいは突出したムーブメントに乗っている人に限られてくる。「マツコ・デラックスはなぜ流行る？」がいつまでもそれなりの鮮度をもって記事化されるのは、人はテレビのことを終電まで語り尽くさないからである。

すると、課長的な芸能人がノータッチになる。議論が、その存在にまで及んでいかないのだ。ひと頃、お笑い芸人をしっかり論じる潮流があったが、やはりニューウェーブとレジェンドに重心が置かれており、課長クラスにまで議論が行き渡ることはきわめて少なかった。長い長い前置きをようやく終えて、途端に本題に入ると、ネプチューンの名倉潤は語られなさすぎているのではないか。

『しゃべくり007』（日本テレビ系）に出演しているネプチューン&くりぃむしちゅー&チュートリアルは押し並べて役員でも平社員でもない課長クラスである。週一の定例課長会議のようなあの光景、社長クラスの重鎮がやってくれば「いやいや、わざわざこんなところに」とおののくし、新米受付嬢のような存在が挨拶にくれば鼻の下を伸ばすし、勢いのある若手には嫉妬と先輩風を混ぜ込んだ対応をする。この番組が鮮度を保った上で面白くあり続けるのは、相応のポジション＝課長職にあるそれぞれが隙あらばあたかも新入社員のように目立とうと試みてくるからである。番組の進行を堅守する上田に向かって、有田・堀内・原田・徳井の破壊活動が連なっていく。課長というより一人だけ課長代理な福田の添え物感も、なくてはならない要素になっている。

名倉潤に迷う。つまり、堅守なのか破壊なのかがいつまでも見えてこない。課長代理との認定を下そうものなら露骨に気を悪くするだろう。会社組織で言えば、遊軍側でいたいのか体制側に回りたい人材なのかがわからない。一人だけ役回りが見えてこないから、彼が何かを積極的に言い放とうとする時に、必ず場が一瞬だけ静まる。遊軍側（ボケ）からの流れに乗る時も、体制側（ツッコミ）からの流れに乗る時も、名倉はいまいち流れに乗りきれていない。その波の乗り遅れを察知した双方が、丁寧なフォローを重ねていく。

あそこに並ぶ面々はどんなゲストがきても場の空気をしっかりと練り上げるプロフェッショナルだが、灯台下暗し、名倉が主体的に動いた時だけ、空気の管理が微妙にうまくいかなくなる。ゲストを引っかき回すことで、結果的にゲストの個性を引き立たせるアクロバティックな装置『しゃべくり007』において、名倉が主役になった時だけ、場のテンションがちょっとだけ嘘臭くなるのだ。面白い空気を維持しようと、周囲の課長仲間たちが必死に取り繕うからだ。

面白い人なのか、それともちゃんとしたい人なのかを、仲間さえまだ判断しかねている状態。彼のタイ人のモノマネを繰り返し見せつけられているが、周りは明らかに必要以上に笑いすぎている。本人は、どうだ面白いだろう、という顔を隠さない。素直だ。その素直を前にして、テレビの前のこちらが困る。

業界的には、司会業も含め頻繁に見かける存在なのだし、流れを作ること、流れを汲み取ること、その両方が安定的に機能しているという査定を受けているのだろう。個人的な感覚になるけれど、名倉のボケで積極的に笑ったことはないし、例えば上田の進行のように、場を最適化する話術を浴びたこともない。単刀直入に申せば、一人だけ面白みに欠ける。定例の課長会議のなかにいる人たちからすれば、なくてはならない存在なのだろう。でも、対外的にはいまいちその理由が見えてこない。自分たちのなかだけで「なくてはならない」存在と決め込んでいるのは危うい。

査定飲み会を「あら、もうこんな時間」と終電間際まで持ち込ませる課長がいるならば、こういう存在ではないか。「てゆうか、あの人何してんの?」という元も子もない突っ込みに始まり、「でもあの人がいることで回っている部分もあると思う」という曖昧なフォローがかぶさり、ようやっと評価が定まろうとするところで惜しくも終電。先述したとおり、会社の課長と違って、課長的芸能人について終電まで語り尽くすことはない。だからこそ、名倉潤は議論されることなく、今現在のポジションを維持できている。しかし本当は、終電まで語り尽くすべき存在なのだ。部下による課長査定ではなかなか辛辣な言葉が飛び交うが、雑多な意見を揉み合うので、それなりに的確な議論もできる。名倉潤はそれを一度も浴びずに佇んでいるのである。

森三中の「女」の在り処について

森三中の大島美幸が、『世界の果てまでイッテQ！』（日本テレビ系）での企画として、第一子の出産シーンを公開した。ＣＣＤカメラ付きのヘルメットをかぶり悶絶する顔をこってりと映し出す構成に、放送前から「産みたくても子供を産めない多くの女性に対して何も配慮がない」という意見が出ているという記事（「アサ芸プラス」）を見かけたが、その手の極端な見解を（主に）ネットから引っ張り上げて「……と言っている人もいます」と対論・異論を垂れ流しながら物見遊山するだけの記事ほど「多くの女性に対して何も配慮がない」ものもない。自分たちが批判の矛先とならないような「賛否両論出ていますよ！」の提示ってあちこちで散見されるが、提示した者たちは逃げ足が速いどころか、もともとその場にいないことがほとんどなのでつかまえることさえできない。

自分が経てきたものは
大島さんにすべて
伝えられる

「ＣＣＤで出産シーンを撮影するなんて」という意見が沸き上がることを想定していた番組は、

「息子が人生につまずいた時とかに、お母さんはあなたを命懸けで産んだんだよっていうのを見せてあげたい」という出産前の大島のコメントを用意していた。その上で、実際の出産シーンの見せ方としては、無事出産した感動と同じくらいの容量で「こんな時なのにCCD使っちゃう！」というバラエティとしての面白さを節々に散らしていた。この均等配分については相当慎重になっていたはず。

番組の狙いどおり、それは上島竜兵や出川哲朗では撮りえないリアクション映像ではあった。出産シーンをバラエティで使うなと思う人もいるだろうが、本人もそれを望んでいるし、それにやっぱりこの職業は面白くてなんぼなのだから撮らない手はない……と、予測されうる「問題視」と、それに対する「返答」と、そのやりとりを上回る「動機」の三種をしっかり混ぜ込んで批判を抑え込む作りをしていた。「出産シーンなんて放送するな」なんてこちらはまったく思わないが、そう言われないためにはこれだけ作り込んだ仕組みが必要なのかと、勝手に疲れてしまう。

さて、端的に指摘するが、男芸人がギャグの一環として女芸人の胸を揉みしだいたり、お尻を触ったりするシーンを時折見かけるが、彼らはなぜ逮捕されないのだろうか。「お約束だから」というのが業界の法規なのだろうが、実社会の法規に照らせば「お約束だから」は許容されていない。映像を拾えるなかではネプチューンの堀内健が『さんまのお笑い向上委員会』（フジテレビ系）で渡辺直美の胸をいきなり揉んでいた。

芸人が、限られた時間で笑いを作り上げる勝負に挑んでいることを、視聴者が理解しすぎている今、突発的な状況変化をもたらす言動は笑いの実力とされ、個々人のコンプレックスはその実力を引き出す具材として重宝される。女芸人という存在が自他ともに確定させている「ブス」や「デブ（と、それに付随する巨乳）」というコンプレックスは、この実力社会ではフリー素材のように扱われる。堀内健に「揉み方厳しかった？」と聞かれた渡辺直美は、顔を強ばらせながらも「ちょうどよかった、ちょうどよかった」と繰り返している。なんで逮捕されないのだろう。

森三中という存在は、女芸人の座標軸の中心となる存在に違いないが、三人をそれぞれ単体にして置き直してみると、座標軸の真ん中に集っているわけではないことがわかる。大島美幸は前述したようにリアクション芸人として上島や出川と同じ系譜にあるし、黒沢かずこは当初こそ補足的役割だったが、倖田來未「キューティーハニー」などの激烈なモノマネで猛進する「千手観音かずこ」で自分の役割を一発で開花させたし、その裏でネガティブ思考極まるシャイなキャラクターも認知された。

暴発する二人のガソリンが継ぎ足されるたびに、村上知子の座標を把握することが難しくなる。当初、それこそ村上知子は浜田雅功に何度も胸を揉まれてきたし、（まったくフザけた認知だけれど）「揉んでいい」方向のキャラクターとして笑いを誘い出してきた。今ではママタレントとして料理や育児方面の仕事を重ねながら、笑いの現場になれば体を張り続けるという舞い戻り方を見せる。すっかりキャスター仕事が増えた加藤浩次が『めちゃ²イケてるッ！』（フジテレビ系）ではかつての悪童に戻るというベクトルにも似ているが、加藤があくまでも兼業なのに対し、村上は嘱託っぽい働き方で森三中をこなす。世が求める「森三中プレイ」を大島と黒沢が献身的すぎるほど熱心に繰り返す時、村上だけが、まったく冷静に振る舞っている瞬間がある。

仕事場や日常生活で生じるセクハラのグレーゾーンを、あっ、それ、グレーじゃなく黒ですので、と淡々と指摘していく痛快かつ切実な一冊、牟田和恵『部長、その恋愛はセクハラです！』（集英社新書）に、何度読み返してもしみじみ響く冷静な指摘がある。

「多くの男性たちには、女性に女性らしさを期待することが女性差別やセクハラになるとは想像の範囲外です。彼らは「女性の淹れたお茶は美味しい」と本気で考えているのであり、実際に美味しいと感じているのでしょう」

この「美味しい」は、笑いを作り出すことができるから「おいしい」として胸を揉まれる女芸人にも当てはめることができる。「胸を揉まれる女芸人はおいしい」のだ。

ある日からお茶を出すのをやめると、「女性の淹れたお茶は美味しい」と本気で考えている人たちは本気で怒りだすのだろう。胸を揉む男芸人の行動を真顔でいさめることが難しいのも同様。男芸人たちは「おいしいんだろ」と確信しているのである。

森三中の三人は、それぞれの形で、女芸人の「おいしさ」を主体的に拡張していると思う。業界の法規も、社会の法規も、そんなに気にしない。でも、たまに気にする。女芸人の「おいしさ」を受け身では使わないが、でも、たまに使う、というか、従う。主体的に動くために「ブス」「デブ」で撒き餌するのだが、結局、業界の法規に回収されていくことも少なくない。

大島の夫である鈴木おさむが、誰よりも率先して「うちの妻は、結婚してから下着選びに興味が出て、体重80kgでブラジャーをはめると背中が「切る前のチャーシュー」みたいになってしまう」（鈴木おさむ『ブスの瞳に恋してる』マガジンハウス）などと連発するものだから、主体性がぐらついていく。

出産シーンに対する批判があったとするならば、女芸人が撒き餌の選択肢に「ブス」「デブ」ではなく「女」「母」という選択肢を加えたことに、こちらがただただ慣れていないだけである。視聴者が受け入れ慣れているのは「ブス」「デブ」だけ。それってクラシックに「ブス」「デブ」を「女」「母」とは別に分類してしまっている表れであり、「女性の淹れたお茶は美味しい」と本気で考えているのと同様かそれ以上の鈍感を晒しているのだから、本当に恥ずかしい。

柳沢慎吾のことが大好き

以前働いていた会社でのこと。オフィスに戻ってきた女性が「たった今、会社の前で柳沢慎吾を見かけたよ」と言う。信じられないことに、皆々は「ふーん」という顔で仕事を続けている。自分だけが大急ぎで階段を駆け降り、まだ近くにいるはずの柳沢慎吾の姿を探す。すぐそばの交差点を曲がるとトンネルがあり、そのトンネルを抜けたところにうっすら見えた刈り上げ頭の男性を追いかけてみたものの、本人ではなかった。息を切らしたままオフィスに戻り、「どうして追いかけなかったんですか？」と問うと、「柳沢慎吾を見たところで、レア感ないし」という信じがたい暴言が返ってきたのだが、それを暴言と受け取ったのは私だけのようだった。

以前、ＳＭＡＰの謝罪会見が話題になったタイミングにあわせて島崎和歌子を取り上げた。島崎が二十代の頃に先輩から言われた言葉「本当に売れている人は、話題になったりしない」

を今でも大切にしているというエピソードに触れることで、事務所のドンに向かって謝るSMAPの辛苦を全国民で共有するという異様さを間接的に指摘しつつ、芸能界で「話題にならない」状態を維持する難しさを問うてみたわけ。で、当の中居正広が「話題にならない」芸能人の一人として、その実力を認めているのが柳沢慎吾なのである。柳沢の自伝『スペショル』(学研パブリッシング)には、中居にこう言われたとある。「慎吾さんって、ブームは来ないけど、いつも一線にいますよね」。これはまさに、島崎和歌子に対して先輩が伝えた言葉と同義である。

柳沢慎吾のネタが、テレビでは大幅にカットされているというのは周知の事実だろうが、テレビで使われやすいようにシンプルな構図のネタばかり量産する芸人とは異なり、柳沢慎吾の創作物の多くは組曲のように入り組んでいる。前者がスリーコードの簡単な曲を演奏するパンクなら、後者は様々な音楽的要素を盛り込み、時に一曲が数十分にも及ぶプログレッシブ・ロックだ。テレビで披露する際には、高校野球中継がNHKニュースに切り替わる瞬間や、タバコのビニール部分を取り出して警察無線でのやりとりを模したコンパクトなネタが笑いの絶頂とされるが、例えばDVD『小堺一機&柳沢慎吾LIVE ライブマン★コミック君!!テレビくん登場の巻』に収録されている「高校野球~完全版~」を味わえば、この人は、受け手が飽きようともそれでも屈せずに続け、再度笑いが熟すまで突き進むという作りを貫いていることがわかる。

あるあるネタが席巻して、その系譜の初期に柳沢のネタが位置づけられることもあるが、例えば甲子園ネタは、ネタというより私史である。小田原にある八百屋さんの子供として生まれた柳沢は、親が商売をしていることもあり、夏休みには遠出せずにテレビの前で座布団に座り、ひたすら甲子園を見ていたという。膀胱炎になるほど正座して見続けていた柳沢は、やがて応援のブラスバンドの声真似を始める。それを聞いた姉が、ブラバンだけではなく「バッターやってみ」「ピッチャーやってみな」「言葉も入れろ」「九回の設定で盛り上げろ」と指示を出し、甲子園ネタの原型が生まれた。テレビっ子を自任する柳沢だからこそ生まれたネタだった。

話題の書、戸部田誠（てれびのスキマ）『1989年のテレビっ子』（双葉社）を読む。一九八九年を「70年代後半に一度は停滞したものの、80年のマンザイブームによって生まれ変わったテレビバラエティが〝青春時代〟を迎えた年」と位置づけたこの本は、一九八二年生まれの自分の青春時代とは多少ズレるはずなのに、テレビにしがみついていた青春時代の興奮を思い起こさせてくれる。つまり、この時代に転換期を迎え、そこで生まれたものが、今に続くバラエティ番組の基軸になったのだ。本書に向けて柳沢慎吾知識を注ぐと、柳沢慎吾の名セリフ「あばよ」が生まれたのも実は八九年だった。『ねるとん紅鯨団』（フジテレビ系）でおニャン子クラブの内海和子にふられた柳沢が「あばよっ！」と言い残した。今でも時折味わえるフレーズ「あばよ」は、あと数年で三十周年を迎えようとしている。

柳沢慎吾は自家発電で笑いを起こす。瞬間芸と長尺芸をこれだけ自己管理できる人はいない。長尺のプログレを演奏するが、そのプログレは、手短にパンクにもアレンジできる。そもそもお笑い芸人ではないわけだが、柳沢が作る笑いは俳優としての経験値ではなく、テレビっ子として培った洞察力に起因している。ウケそうなことを取り急ぎ探し当てたのではなく、蓄積していたものを披露しているからこそ、笑いに持続力がある。

私のiTunesには、九十九トラックにもわたる高校野球再現ネタCD『柳沢慎吾のクライマックス甲子園!!』が入っているが、ライブラリ全体をシャッフルで流していると、たまに「あっけない幕切れ!」や「一時四十五分のニュースをお伝えします」という柳沢慎吾の声が入ってくる。いっつも自分が仕事に疲れきったタイミングで投じられるものだから、そのたびに柳沢慎吾に奮い立たされる。柳沢慎吾の話になると一切批評性を持てなくなるが、この人ほど総合力のあるエンターテイナーはいない。いつか街中で見かけたら、今度こそ必死に追いかけたい。

ベッキーの元気を直視できないボクらが悪い

知人女性がチキン南蛮をつまみながら、その日の朝に放送されていたワイドショーを思い出し、キレ始めた。

「辻仁成のお弁当が女子力高い〜、ってスタジオ全員で騒いでたんだけど、そんなの、女子力じゃなくって生活力でしょ」

膝を打つ私。確かに生活力だ。弁当作りがうまいのは、女子の力ではなくて生活する力だ。カテゴリを粗造してビジネスに落とし込んでいく人たちは、例えば「女子力男子」といった言葉を生み出して、男がただただ生活を向上させていく力さえ「女子力」に詰め込んでしまう。根本的なところ（例：同性パートナーシップを結婚に相当するとした渋谷区の条例を「伝統的な家族が壊れる」と懸念した保守派の国会議員）はちっとも変わらないのに、キーワードとしての「女子力」ばかりがあちこちで稼動しすぎていて、生活していく上での男女差がこれまでのままキープされてしまっている悪循環を感じる。

何かと「女子力」を消費活動に持ち込もうとする、広告を代理する店たちに対抗する方法があるとしたら、頼るべきは「男子力」ではなくて、「元気印」なのではないかと思う。例えば、関根麻里とベッキー。「二人のことを表情込みで思い浮かべてください」と問えば、全員笑顔を思い浮かべる（そうではなくなった一件については後述）。この二人のいずれかがスタジオにいる場合、スタジオが便宜上、男性、女性、元気の三種に分かれる。常時ハツラツとしている「元気」。有吉弘行はベッキーを「元気の押し売り」と名づけたが、押し売りではなくて安定供給だ。代替エネルギーを常に模索されてしまう芸能界で、この安定供給は重宝される。この電力は爆発しても人に害を与えない。

ベッキー♪♯のインタビュー本『ゆめの音色――music life』（エムオン・エンタテインメント）を通読した。なお、ベッキーのあとにつく「♪♯」は、彼女が歌手として登場する時につける記号。歌手活動を始めるもあまり人気が出なかった理由を、こちらから突つく前に明かしてくる。

「タレント・ベッキーに興味はあっても、私の歌には興味がないんだな」「ラインの公式アカウントも、芸能人の中でいちばんいろんな方が登録してくださってるんです。だからそれだけ見ると、すごい人気者みたいな感じなんですけど、CDの売り上げとなると全然そこには及ばない」

激動の芸能生活を「メイク落としてるふりをして、泣いてました」と振り返り、元気の安定供給の仕組みや裏側を吐露する。とにかく仕事を詰め込めるだけ詰め込んで世界でいちばん忙しいんじゃないかと思うような状態を自ら望んできたという彼女。自らをワタミ化させる、渡邉美樹もビックリの一人ブラック企業状態でベッキーを続けてきた。頑張って頑張って貫いてきた元気の裏側を見せられてしまうと、男性・女性・元気という区分けが使えなくなる。とはいえ、「元気」から彼女が移行しようと試みている「アーティスト」には、まだ直通道路が開通していない。そのために一旦、女性誌などのいわゆる既存の女子コミュニティに、顔色をうかがいつつ立ち寄るなどの迂回を繰り返していた。

ベッキーはこれまで、元気を保つために、あらゆる冷静な目線を自分に投じてきた。彼女の本名はレベッカだが、インタビューを読むと、ベッキーがこういう行動をとったとしても、その時レベッカはこう思ってたはず……と答えたりする。これは、矢沢永吉の名言「俺はいいけどYAZAWAがなんて言うかな？」に近いものがある。元気を押し売りではなく安定供給するには、向かってくる批判さえすんなり受け止める力を持たなくてはいけない。ベッキーはネットの悪口を見つけても、「私、傷つかないっていうか、共感するっていうか。〝わかる…！〟って思っちゃって（笑）（略）大きくうなずいちゃう（笑）」という。このようにパワフルに宣言されてしまうと、外からの批判は制限される。いや、自粛される。批判しやすい対象など他にいくらでもいるから、暖簾に腕押しの相手よりもガラスにハンマー、そちらにピントを合わせていく。

「Amazon」におけるタレント本のレビューにつく星マークは、星五つか星一つに分かれやすいものだが、ベッキーの本にはほとんど星一つがつかない。星一つではアンチが恨みったらしく雑文を長々と連ねるのが常だが、ベッキーの主著についた星一つのレビューは、「他のレビューが高評価な中申し訳ありませんが、普通でした。青春ドラマで有りがちな内容。結局、苦労知らずのお嬢さん」である。わざわざ丁重に断らないとdisれないのだ。この星一つレビューアーの態度はベッキーを表している。ベッキーは一人ブラック企業状態で元気に働きまくることで、批判を受け付けない体制を見事に築き上げてきた。前田敦子は「私のことは嫌いでも、AKBのことは嫌いにならないでください」と熱弁したが、ベッキーはそんなスピーチをせずに、自分のことを嫌いにならない体制作りを黙々と進めてきたのである。

光浦靖子のお悩み相談エッセイ『お前より私のほうが繊細だぞ!』（幻冬舎文庫）を開く。「どうすればもう少し広い心になれますか?」との問いに光浦は、いい人になりましょう、それがいちばん得をします、としたあとでこう述べる。

「いいこと言う人って人から好かれるじゃないですか? 人から好かれて一番得するのって自分じゃないですか? だから、性格のひねくれた私は思ったんですよ。いいこと言う人ってすんげぇ利己主義だなって」

そのひねくれた光浦の見解に心から共振した上で、いい人の計画性、いい人の利己主義を邪推する。邪推して、投げる。でも、ベッキーに関しては、投げた邪推が届かず跳ね返ってくる。数多の実務をこなしてきたベッキーに、こっちが急いで作った邪推が届くはずがない。やがて、そんなベッキーの元気を直視できなくなる。責任はすべてこちらにある。

と、こんなにも牧歌的な、そして見当はずれなことを書いていたのは二〇一五年二月のことである。いつの間にかアマゾン星一つを、体全体で吸収する人になってしまった。元気や誠実や清楚という、そもそも曖昧な概念を彼女に投じてきたことに対する裏切りが、延々と続くバッシングにつながった。どこまでも身勝手に、「よーし、この件、ふくらましちゃうぞ〜！」という一致団結によって、「信じられない！」の声はどこまでもふくらんでいった。次のページからはそのお相手の考察が続くが、そちらを読んだあとでもう一度本稿に戻ってもらうと、隔世の感とはこういうことだとしみじみ感じていただけるのではないだろうか。

「ゲスの極み乙女。」で大喜利しない勇気

会見を見て、こんなんじゃ謝ったうちには入らないと憤った方々も多いようだが、そもそもなぜベッキーはカメラの前でお茶の間に向けて謝らなければならないのだろう。「既婚者と特別な関係になっていたのでみなさんに謝ります」「いや、そんなんじゃ足りねぇよ」って、とっても奇妙で強引なコミュニケーションだ。でも、ベッキーは清純なイメージで仕事を得てきたわけだから、という声が聞こえる。事実、今回のスクープを飛ばした「週刊文春」の記事は、冒頭七行目から「ベッキーといえば、今の芸能界では天然記念物と言っていいほどの〝スキャンダル処女〟。浮いた話は全く聞こえてこなかった」と、彼女のイメージを確定した上で詳細説明に移っている。

音楽だけではない
エンタメ集団になれれば
いいな、とずっと考えて
いたんですよ

彼女は会見で嘘をついたが、一方の「週刊文春」には誤りがある。「浮いた話は全く聞こえてこなかった」とあるが、彼女はインタビュー本『ゆめの音色』（エムオン・エンタテインメン

ト）で、中学生で芸能界に入ったあとの「浮いた話」をわざわざ自分から激白している。高校時代、好きな人ができると「〝この人に言えば本人に伝わるな〟って、ちょっと作戦的になったかもしれない（笑）。で、期待したとおりに伝わって、相手も気にかけてくれてて、あちらのほうから告白してくれた」とあるし、デートも「しました」と答えている。芸能活動的に問題はなかったのかとの設問に「事務所には特に何も言われてなかった」し、「べつに私が恋愛したところで、誰も悲しまないだろうと思ってた」と答えている。「スキャンダル処女」のベッキーが禁断の恋だなんてイメージダウンは避けられない、との論調が重なったが、高校時代から、男子に好きになってもらえるように戦略的に仕向けて成功していた女子って、どっちかというとスキャンダラスな存在に位置づけられていたのではないか。

スクープ記事内で「ゲスの極み乙女。」を紹介するにあたり、「レコード会社社員」のコメントとして「ＳＭＡＰにも楽曲提供をしている実力派」とあるのを見つけて、その価値尺度に（音楽業界ではなく）レコード会社の前途を危ぶむ。しかし、確かにプレスリリースの類いにはいまだに誰それに楽曲提供という、主活動とは関係ない情報がビックリマーク付きで記されていたりする。不倫発覚の決定打となったのが、「川谷の将来を憂うある音楽関係者」が提供した「LINE」のやりとりだったが、その音楽関係者とやらは「ゲスの極み乙女。」というバンドを知らせる紹介文が、彼らの活動では確実にエトセトラの部分である「ＳＭＡＰにも楽曲提供をしている実力派」であったことこそ憂うべきだろう。

「ゲスの極み乙女。」というバンド名、「私以外私じゃないの」「ロマンスがありあまる」という楽曲名、そして『両成敗』という最新アルバムのタイトル。これらの要素を、今回の不倫とひっかけて「うまいこと言う合戦」がおこなわれ、茶化す行為がどこまでも続いた。しかし、どんなにうまいことを言ったとしても、マイナンバー制度のPRに「私以外私じゃないの、だからマイナンバー」と口ずさんだ甘利明前経済再生担当相に対して、壮大な後出しじゃんけんで「情報は漏洩する」という事実を伝えた川谷絵音本人にはかなわない。

彼らの新譜が『両成敗』だったことについて、「今回の騒動も新譜の宣伝かよwww」という平凡な突っ込みがあふれたが、ここは一つ、野次る前に、両成敗の意味をじっくり考えておきたい。辞書には「当事者となった両者をともに罰すること」(『大辞林 第三版』三省堂)とあるから、自らつけておいたタイトルが示唆的になっちゃったよ、との突っ込みが導かれるものの、日本史における喧嘩両成敗を探究した清水克行『喧嘩両成敗の誕生』(講談社選書メチエ)まで通読すると、そう簡単に、野次には使えなくなる。

喧嘩両成敗という乱暴な法規が明確な形で歴史に現れるのは一五二六年(大永六年)、戦国大名・今川氏親が制定した分国法だという。そこには「喧嘩におよぶ輩(ともがら)、理非を論ぜず、両方共に死罪に行ふべきなり」とある。勝手に現代文に訳してしまうと「喧嘩したヤツらは、どっちが正しいとか正しくないとか言ってねぇで、両方死ねよ」となる。なかなかゲスの極みである。しかし、著者の分析によれば、復讐行為が「個人や集団の正当な権利とすら考えられた」この時代では、「一方を「非」として、他方を「理」とし、なおかつ双方に禍根を残さない、というのは至難の業だった」のだという。つまり、「積極的に「理非を問わない」わけではなく（略）「理非を問えない」という」理由で、家臣や民衆からの支持を最も集めやすい喧嘩両成敗が採用されていたのではないかと指摘する。

両成敗が、罰して終わりにする意図だけを持って存在していたわけでもない、という指摘には驚いた。こう指摘されている。「「やられた分だけやり返す」という中世の人々の衡平感覚や相殺主義は、現代人にはどうにも野蛮で幼稚な発想のように思えてしまうが、反面で「やられた分」以上の「やり返し」を厳に戒める効果も明らかにもっていた」。なるほどそうか。「両成敗＝双方が倒れてしまうイメージ」を持つ人が大半だろうが、そのルーツをたどると、喧嘩両成敗って「均衡状態を強制的につくり出す効果をもっていた」のだ。

アルバム『両成敗』の冒頭を飾る曲「両成敗でいいじゃない」で川谷は、「両成敗が止まらない　もう止まらない」と連呼する。〝両成敗〟報道が止まらないが、両成敗のルーツに照らしてみると、止まらない両成敗が作り出すのは、均衡状態ということになる。マスコミは叩きのめしている快感に酔いしれていたが、実は均衡状態を作り、「「やられた分」以上の「やり返し」を厳に戒め」ていたのだ。トリッキーな言葉遣いをするミュージシャンにツバをつけて痛い目にあってしまった甘利前大臣同様、彼の言葉を面白がっているだけでは墓穴を掘る可能性がある。こうなると、我々には川谷の言葉で大喜利しない勇気が必要かもしれない。さすが、レコード会社社員に「ＳＭＡＰにも楽曲提供をしている実力派」と言わせただけのことはある。

沢尻エリカはいつまで不機嫌を待望されるのか

往年の洋楽ロックファンは排他的だ。二〇一三年のローリング・ストーンズの来日公演最終日、ミック・ジャガーの「ホッテイ！」の掛け声に導かれて布袋寅泰がゲスト出演した。数日後、その公演を見た洋楽ロック好き中年から代々木駅前の格安居酒屋に呼び出され、「君が行った初日には出なかったのに……」と二時間半も愚痴られた。〇四年、ザ・フーやエアロスミスが出演したフェスティバル「THE ROCK ODYSSEY」では、それらのバンドの前に出演した稲葉浩志（ソロでの参加）の存在をお気に召さなかったファンが会場の火災報知器を次々に押すという事件が起きた。当人は「調べに対し、「ロック歌手の稲葉浩志さんのステージをきっかけに、自分の考えていたロックと違うという腹立ちが爆発した」と供述」（「産経新聞」二〇〇四年七月二十七日付）したという。

二〇〇七年のレッド・ツェッペリン一夜限りの再結成、ロンドンでの超プレミアムライブに

日本から参加したのは名だたる音楽評論家数人と、あと、高城剛と沢尻エリカだった。そのライブから二カ月ほど後にプロモーションで来日したギタリストのジミー・ペイジに対して、記者が「復活コンサートに日本から沢尻エリカという21歳の女優が観に行ったのですが、彼女にコメントがあればいただけるでしょうか」（「TARGIE」）と問うた。ジミーは「Unfortunately I don't know her.（残念ながら、私は彼女のことを知らないんだ）」と返答したのだが、この返答を通訳が「別に……」と訳し、会見場は爆笑に包まれたという。この名訳と記者たちの反応は、沢尻エリカをいまだに象徴し続けているのではないか、というのが本稿の主題。

沢尻エリカが映画の舞台挨拶で見どころを聞かれて「別に……」とぶっきらぼうな対応をしたのは二〇〇七年九月二十九日のこと。その数日前に発足したのが、第一次安倍晋三内閣を引き継いだ福田康夫内閣だ。ご存じのように、ここからしばらく福田康夫→麻生太郎→鳩山由紀夫→菅直人→野田佳彦→安倍晋三と、クラス委員ばりの頻度で首相が交代していくわけだが、一方の沢尻エリカは、今なお「別に……」のイメージを多少なりともキープしている。政治家を羅列してから沢尻の議題につなげたくなったのは、維新の党（現在は除名）の上西小百合議員が、騒動の間じゅう「浪速のエリカ様」と呼ばれ続けていたことに起因する。

上西議員がたちまち「エリカ様」と呼ばれ始めたことにも驚いたが、何よりもその称号を各媒体が素直に増幅させたことにこそ驚いた。「別に……」が放たれた二〇〇七年の流行語大賞といえば「どげんかせんといかん」「ハニカミ王子」、その他にトップテン入りした言葉を拾い上げれば「そんなの関係ねぇ」に「どんだけぇ～」である。今、もしもこの四つを駆使したトークを友人が電車内で披露し始めたら、たちまち隣の車両に移動して知らん顔するだろう。しかしながら、「ふてぶてしい若い女性」「ちゃんとすべきところでちゃんとしなかった女性」の前例として、〇七年の沢尻エリカは、まだまだスムーズに持ち出されるのである。

その後、沢尻エリカは映画『ヘルタースケルター』やドラマ『ファースト・クラス』(フジテレビ系)で主演を務め、続けて月9ドラマ『ようこそ、わが家へ』(フジテレビ系)にも出演、すっかり復活した印象が強まってきた。主演二作に共通していたのは、「別に……」に象徴されたかつてのぶっきらぼうが、劇中に少しずつまぶしてあったこと。この人は決して生まれ直したわけではなくて、「別に……」の頃の心性をある一定の濃度では保っているのだ。で、それって、内発的なのか、外発的なのか。

ニフティが手掛ける次世代ローコストスマホ「NifMo」のイメージキャラクターを務めている沢尻だが、このCMに先駆けてニフティは、テレビCM出演交渉プロジェクト「AGREEMENT WITH ERIKA」をウェブ上に公開した。これは、出演について最終OKを出したわけではない(という設定の)沢尻にCM出演を決意してもらうため、社員が沢尻に一生懸命さを伝えるという企画。鼻フックで重いものを支えたり、唐辛子だらけの麺をすすったりする模様を沢尻に見てもらい、熱意を伝えるのだ。この出演交渉企画が成り立つのは、鼻フックで支える重量に満足がいかないそぶりを見せる沢尻がいて、積まれている唐辛子を見て「……全部で」とすべて入れるように冷たく指図する沢尻がいるから。「別に……」の余波というか残存、つまり、いつああいう態度に戻ってしまうかわからない気配を期待され続けてきたのだ。

ここで再び、洋楽ロックの話に戻る。マイケル・シェンカーという伝説的なギタリストがいる。彼は一九九八年の来日公演のステージ上でギターを床に叩きつけて、そのままライブを中止した。その後も、気分屋でヒヤヒヤさせられる活動を続け、かつての記憶がようやく薄らいだ二〇〇六年の来日公演でも再びギターを放り投げてライブをやめてしまった。一五年六月にも来日し、このたびは無事に終えたのだが、ファンたちはどこかで「もしかしたらまた機嫌を損ねてライブをやめてしまうのではないか」と思っている。最近の彼は、そんな乱心を見せることもなくなっているのだが、何度来日しても、その疑いが完全に晴れることはないのだ。むしろ率先して、ファン側から「大丈夫かなぁ、今回は」と煽っている。ヒヤヒヤを維持しているのだ。

沢尻エリカへの期待は、マイケル・シェンカーのそれと同じプロセスにある。社員がおそるおそる「これでCM出演を快諾していただけますでしょうか……」と申し出る企画が成り立つのは、社員側が「不機嫌になるかもしれない沢尻エリカ」像を用意しているから。確かにマイケル・シェンカーは、もう大丈夫だろうと誰しもが思ったタイミングで再びギターを放り投げた。一九九八年から八年後、二〇〇六年のことだった。沢尻エリカの「別に……」は〇七年、あれから八年以上が経過している。そろそろかもしれない。沢尻エリカは「もしかしたらまた不機嫌になるかも」という特殊な需要を浴び続けているし、彼女自身、そのことを自覚している。

中山秀征は
テレビ離れを食い止める

サラリーマンの愚痴が社内の人間に向かう時、その矛先をこう分けることはできないだろうか。目立ちすぎる誰かと目立たなすぎる誰か。アベレージを好む風土ではそこから抜きん出ようとする存在はひとまず議論のテーブルに載せられる。一方で、そのアベレージに到達しない存在もまた、どうして追いついてこないのだと、議論のテーブルに載せられる。そのテーブルが居酒屋に置かれている以上、誰も結論など求めずに自由な発散を繰り返していく。

会社という組織が回り続けるのは、目立ちすぎる誰かが突出した成果を作り出すからでも、目立たなすぎる誰かがそれなりに目立ち始めるからでもない。目立つでもなく、目立たなすぎるでもなく、淡々と仕事をこなす人たち、つまり居酒屋でのみ愚痴り続ける人たちが多数派であるからなのだ。翌朝ケロッと上司からの命令を聞き入れ、部下を引き続き放任しているからこそ、その会社はいつものように回りだす。酒場だけの反旗は、「職場では従順ですので」と

の宣言でもある。

テレビのなかにいる人たちを大きな組織の構成員と捉えれば、やはりここでも目立ちすぎる誰かと目立たなすぎる誰かが議論のテーブルに載っかる。会社ならばそのテーブルは居酒屋に置かれるだけだが、芸能人の場合はインターネットから井戸端会議まで、あらゆる場所のテーブルで議論されるから、その声がどこまでもふくらむし、最近ではテーブル同士が連動し始めてもいる。頻繁に見かけるようになったタレントをお約束のように「事務所のゴリ押しじゃん」と牽制し、素早く主演に抜擢されたドラマが低視聴率ならば「打ち切りかｗｗｗ」と、あらゆるテーブルでやんやの盛り上がり。さほど目立たなくなった誰かの背中を指さして、落ちこぼれ認定することも忘れない。

目立ち、目立たなくなり、を繰り返しているテレビが平然と続いているのは、会社の組織と同様に、淡々と仕事をこなす人が圧倒的多数を占めるからだ。まばゆい個性が総集結している世界ではあるが、その組織を動かしていくのは、難なく運搬していく能力を持つ存在に違いない。面白い、キレイ、うまい、というような積極的な動機だけがあふれてしまうと、テレビはオーディションのようにＰＲ合戦になる。お笑いの世界の人材が流動的になってきたのは、ＰＲ合戦だらけになってきたことと無関係ではない。ひな壇に並べられたり、テーブルを囲んですべらない話をさせられたり、そういう番組に出るための順序待ちをしているヒマなんてないと、リズムネタなどで急いで目立とうとしたり裸になったりするなかで、目立つ人と目立たない人がくっきり分かれている。

そのどちらでもない「目立とうとするも失敗している人」が、「目立つことがうまい人」によって笑い飛ばされるという構図もすっかり定まっている。「突っ込むタイミングを間違える」「しゃべろうとしたら噛んでしまった」、これらが爆笑を呼び寄せるようになったのはそう昔のことではない。しかし、組織のなかでの役割分担がより強まり、これがテレビという組織が作り出す笑いなので、そういうコミュニティ特有の笑いを知った上で堪能していただかないと困ります、と諭してくる作りに変わってきたのだ。久しぶりにテレビをつけた人がそれらを見れば、そんな前提なんて知らねぇし、と、ますますテレビを遠ざけてしまうだろう。

会社を動かすのはアベレージ社員、ならば、テレビを動かすのは中山秀征である。単刀直入に申せば、彼の言動によって、笑い転げたことは一度もない。笑い転げたことがあるだろうか、とみんなに問うてもみたい。番組で取り扱う時事問題に対して、彼から鋭い見解を聞いたことは一度もない。感心することもなければ、不快に思うこともない。議論しようと切り出しても、議題が見当たらないので、自ずと別の議題を持ち込むことになる。中山秀征は議論されないことで安定供給を続けている。供給を安定させるためには需要の安定化が何より求められるのが経済活動というものだが、中山秀征は需要を問わずに供給を安定させている。ネプチューン・名倉について、彼を「課長クラス」だとした上で記した論旨とシチュエーションは似ているのだが、結果が違う。ひと頃、日本の会社が導入して失敗に終わったのが成果主義。成果主義が機能しなかった理由を経済ジャーナリストばりに分析するよりも、「だってテレビのなかじゃ、ずっと中山秀征が佇んでいるじゃんか」という説明のほうが理にかなっている。彼は、成果主義が日本の形態に似合わないことを教えてくれる。

日本テレビでの帯番組『おもいッきりDON!』(のちに『DON!』)での司会業が終わってからは主に『シューイチ』(日本テレビ系)、『ウチくる⁉』(フジテレビ系)のMCとして見かけることが増えた。日曜日の朝と昼、国民が最もゆったりしたい時間に、攻めない笑いと攻めない議論を誘い出すそれぞれの番組は、アベレージ社員・中山秀征の真骨頂である。どちらの番組でも彼は、隙あらば面白いことを言おうとする。実際に、それなりに面白いと思われるであろうことを言う。それを受け止めるコメンテーターやゲストも確かにしっかり笑っている。自分のトーク力で番組を進めていく。ただし、絶対に突出したことは言わない。その場で流される言葉ばかりを続ける。

『シューイチ』と同時間帯に放送されている関口宏率いる『サンデーモーニング』(TBS系)は、その時々の社会事象を暗い顔して掘り下げていく番組だ。スポーツコーナーで登場する張本勲がその場を荒らすまでは、お通夜のような静けさが流れているが、とりわけこの時代、諸問題に対して細かく向き合えばどうしたってこういうテンションにもなるだろう。しかし中山秀征は関口宏を見習わない。オピニオンを携えて問題に深入りしては、自分という存在が議論されてしまうから、程のいい議論に留めておくのだ。

『ウチくる⁉』と同時間帯に放送されている和田アキ子『アッコにおまかせ!』(TBS系)はアッコにまかせすぎることが唯一にして最大の弱点だが、一つの世界の法規としてそびえ立つことを何よりも誇らしく思うタイプの彼女は、ここは一つ私にまかせて、というオピニオンを出し続ける。中山秀征は和田アキ子も見習わない。ここでもまた同様に、自分という存在が議論されないように、程のいいトークに留めておくのだ。

中山秀征という存在は、芸能界が本来は求めていないはずの「目立ちすぎる」と「目立たなすぎる」の合間のポジションを陣取って、面白すぎない面白さやうますぎないうまさで、日々の番組をこなし続けてきた。多くの人にとって何一つ関心が湧かない存在で居続けるというのは、突発的な関心を作り上げることよりも難しい。

テレビ番組の作り、そしてお笑いがどんどん即物的になり、瞬間ごとに結果が求められるなかで、中山秀征はテレビが冗長であって構わないメディアであることを、体を張って教えてくれる。その評価は絶対に彼の本望ではないはずだが、このアベレージは、テレビ離れを食い止めるのではないか。受け手に笑いや関心を与えない中山秀征の存在感は、日に日に「テレビってこの程度のものだったよな」という佇まいを背負い始めている。その佇まいはどうやらとっても貴重だ。

ａｉｋｏの魅力がわからないんです

ニキビだらけの自分のツラは棚に上げて「クラスの誰がかわいいか、かわいくないか」を延々と議論した修学旅行の夜はやっぱり忘れがたく、あの時、男子のなかで賛成・反対が二分された人の名前をいまだに忘れていない。議論はそう簡単にはまとまらず「予選突破できるかどうかは得失点差次第」とでもいうような、絶対に負けられない戦いがそこにはあった。「美醜」とはまったく残酷な熟語で、本当は美と醜のあいだにはいくつもの段階があるというのに、そのグラデーションを無視してこそ議論が白熱することを知っているものだから、美醜の議論は常にパワープレイで、強引な攻防が続いてしまう。

さて、ａｉｋｏの話だ。「Tokyo graffiti」という素人のスナップ写真ばかりで構成される雑誌には、「似ている芸能人は?」の答えを顔写真に添えるという、ニキビだらけではないにせよ、垢の抜き方がまだまだわからない垢抜けない大学生がチェックし始めると、時間がいくら

あっても議論し足りないページがあった。「長澤まさみ」と書いた誰かを見つけては、これは川の向こう岸から見たくらいの距離で、って前提なのかなとか、「永作博美」を見つけては、女子高生が童顔の女性に似ているというのは老けている自覚があるってことでいいのかとか、白熱する議論をいくらでも呼び込めるのだ。んで、そのページで頻繁に見かける名前が「ａｉｋｏ」なのだった。

集団的自衛権でも特定秘密保護法でも、最終的に賛成派・反対派の両者を落ち着かせる「議論の落としどころ」を用意したがるのが政治のキナ臭さであるのだけれど、「誰に似てるって言われる?」「えっと……ａｉｋｏ」という答えもまた、そういう側面を持っている。落としどころとしてのａｉｋｏ。「長澤まさみ」では野党が「ふざけんなっ」と紛糾するし、女芸人の名前を挙げると今度は与党から「日和ったな」。それでは攻めきれない。国民の理解を得られない」と懸念の声が上がる。美醜のグラデーションにおいてａｉｋｏというのは巧妙なポジショニングにある。音楽性うんぬんを差し置いて、このことをまず伝えておく。

ａｉｋｏについて議論を深めるのであれば、この連載の担当編集者（ドログバ似の男性）に登場してもらうのが早い。とにかくａｉｋｏのことが好きで好きで、「あの人からまたａｉｋｏの話をされたよ」と業界のあちこちからクレームが多発しているほどである。さすがに話を聞かずにこの原稿は書けまいと「ａｉｋｏの魅力についてお話しいただけませんか?」とメールを打つと、ＹＥＳ・ＮＯの返事を通り越して「金曜、十九時に外苑前のドトールで」と、時間・場所の指定が即座に返ってきた。

しばし、編集者との対話にお付き合いいただくとしよう。

武田「こういう仕事をしているのだし、ａｉｋｏにインタビューを申し込んで、取材する機会を作ればいいじゃないですか」

編集者「ダメです。ａｉｋｏに会うならば、僕は百点満点の仕事をしなければいけません。それができないのではないかというプレッシャーに襲われて、前日の夜にでも発狂して、遁走してしまうと思います」

武「ａｉｋｏって、どうしてこんなに長続きしているんですか？　ってか、ａｉｋｏの何がいいんですか？」

編「武田さんの言っている意味がわかりません」

武「……。例えばＹＵＫＩならばカリスマ視されていることが目に見えますし、もっと低年齢層ならば西野カナのように誰かの気持ちを直接的に代弁することで生き長らえているのだなと感知することができます。でも、何にも見えないんです、ａｉｋｏについては」

編「まず、恋愛の教祖とか女の子の気持ちを代弁してくれている、というようなフレーズ、あれ、まったくのウソです。ａｉｋｏの歌詞って、狂気に満ちているんです。いわばストーカー体質なんですよ」

武「民主党の蓮舫が「二位じゃダメなんですか？」って言いましたよね。あれとおんなじ感じで言いますと……大塚愛じゃダメなんですか？」

編「武田さん、寿司と回転寿司を一緒にしてはいけません」

武「星野源とはまだ付き合っているんですか？」
編「武田さん、これが新しいアルバムです。タイトルを読み上げてください」
武「えっと、『泡のような愛だった』、ですか」
編「はい、それが答えです」
週末の夜、混み合うドトール、僕らの隣だけ、お客さんの回転が早い。立ち去りたくなるお客さんの気持ちもわかる。
みなさまにお届けできるような有用な議論も、少しはあった。aikoが出てきたころ、宇多田ヒカルやMISIA、あるいはクリスタル・ケイといったR&B系シンガーが台頭した。あるいは、Coccoや鬼束ちひろといった、（なぜか裸足で）内心と対峙し痛切な想いを歌い上げるシンガーも目立った。aikoはそのどちらにも属さなかった。椎名林檎のような劇性は持たなかったし、初期にヒット曲はあるものの、一青窈や絢香のように超明確な「この曲」というヒットがあるわけでもない。この数年はCMのタイアップ曲をやったり、朝ドラや月9の主題歌をやったりしているようだが、かといって、それが再ブレイクを呼び込んでいる感覚もない。
ふと、頭に思い付いた言葉を放り投げてみた。
武「つまり、「手首切らない系女子」ってことですかね。歌詞がストーカー体質でも、ある一定の明るさはキープしているし、共感を執拗に誘発する恋愛模様を書くわけでも、自意識を垂れ流しているわけでもない。女性である自分から滲み出たメッセージではあるものの、そこにジェンダー感が提示されているわけでもない」

編「武田さん、ようやくわかってきたようですね」

別に褒めたつもりもないのだが、強制的に仲間入りをさせられそうになった不本意を隠していたからだろう、自信満々な編集者に、この翌日に放送されるNHK『SONGS』の「aiko特集」を見るよう命じられた。ナレーションで「女性の揺れる恋心を歌い続けるaikoさん」と紹介されていたが、そのフレーズに集約させてはいけないことがようやくわかってきた。西野カナは「会いたくて会いたくて震える」（「会いたくて会いたくて」）と揺れるどころかブルブル震える恋心を直接的に歌い続けるが、aikoは例えば「まばたきするのが惜しいな／今日もあなたを見つめるのに忙しい」（「初恋」）と歌うように、決して心情や経過を直接的には伝えてこない。

帰り際、編集者から課題図書のように「これを読んでください」と渡されたaikoのデビュー十五周年記念ムック『別冊カドカワ』、巻末に直筆で書かれたaikoの謝辞の一文に震えた。「これからもあなたがこっちを見てくれるように頑張ります。それしかないです」。ポップスが、とりわけ女性シンガーの曲が、特効薬のように「誰の何を代弁しているのか」に即答させられる時代に、aikoは「女性の揺れる恋心を代弁している」と周囲に安っぽく撒かれることを許しながら、自分自身は率先して、自分だけにしかわからない感覚的な迷路を用意してずんずん迷い込んでいく。

例えばこんなシーン。『SONGS』の特集でなじみの書店へ立ち寄ったaiko、ゴキブリが登場する漫画を読んでからというものの、ゴキブリの気持ちもわかったような気がして、こないだ出てきたゴキブリを捕まえて殺さずに放したんですよと笑う。何を言っているのかよくわからないが、このわからなさがそこらの天然系なんかとはもちろん違った、簡単に自分をつかませない場所へ運んでいく巧妙さなのだろう。編集者が言い残した「ａｉｋｏのライブにくるのって三割くらいが男子なんですけど、なんか押し並べてファッションがダサいんすよ」発言などなど、積もる課題もあるので、ａｉｋｏについては引き続き考えていくことにする。ってゆうか、まだまだこれからも考え続ける、という結論以外、編集者はこの原稿を受け入れてくれないだろうから、こんな感じで終えるしかないという裏事情もある。どこがいいんだかわからないし、わからないままでいいや、というヌルい腹の内を出してしまっては、また即座にドトールに招喚されることになる。それはそれは面倒だし、口実を作らせないために、借りたムックはすぐに宅急便で返送した。

前園真聖の話術が阿川佐和子に近づいていく

人生にしくじっても
やり直す機会はありますから

やっぱり町田樹の話から始めたい。近年、あんなにも心を奪われたスポーツ選手はいない。自分の美学を他人の目にぶつけて強固にしていくのではなく、ただただ自分の美学を完遂する。ソチオリンピック五位という結果に満足できなかったのか、一度はネット書店で告知されていた自著の出版予定を先延ばしにし、周囲に相談したりせずに、唐突に引退を表明し、かと思えば、大学院に入学した。

引退後、久しぶりにアイスショーに参加した町田は、シューベルトの作品を演じるにあたって、コメントを発表している。

「不思議な懐かしさと共に、静けさと力強さ、そして未来への光を感じるシューベルトの音楽と共に、ご堪能頂けましたら幸甚に存じます」

彼は、細かい採点方法に沿う演技をするのではなく、自身の演技全体を作品として感じてほしいというスタンスを貫いていた。こうして久方ぶりに放たれた町田樹の言葉にうっとりする。これまで、「ご堪能頂けましたら幸甚に存じます」とコメントを締め括るアスリートがいただろうか。プーさんのぬいぐるみに囲まれたりはしない。静けさのなかに熱さがある。

テレビでしょっちゅう見かけるようになった前園真聖が、「いじめ、カッコ悪い」と訴えかける公共広告機構のCMに出ていたのは、U−23サッカー日本代表キャプテンとしてブラジル代表を破った一九九六年頃のことだ。私は、今になって懺悔しなければいけない。当時中学生だった私は、「おいおい、いじめって、カッコ悪いよなぁ！」と前園を揶揄しながらガサツないじめを強めていくイジメっこを放置していたからだ。先生から「やめなさい」と言われたことから順番にやっていたあの頃。「いじめ、カッコ悪い」のような、何かを是正させようとする言葉を発見すると、むしろそれらは燃料として悪用されていた。統計を取ることなど不可能だが、前園真聖の「いじめ、カッコ悪い」は、いじめを止めるよりも、いじめに新たな燃料を継ぎ足してしまったのではないか。

このところ、テレビ番組のあらすじをなぞっただけのネットニュースが多く、その手の記事で「ヤフトピとったぜ！」と歓喜に沸いている人たちと同列化するのはライターとして本当に恥ずかしいので番組紹介を数行ですませるが、三浦知良×中田英寿×前園真聖という三人で出演したトーク番組『ボクらの時代』（フジテレビ系）で、三浦は「まだ好きな（女の）人がいる」と飽くなきキザ路線を強め、中田はいちばん後輩ながら足を組んで両者にタメ口というクールジャパンスタイル、前園は二人のトークのバランスをとる進行役に徹していた。サッカー史では、三人それぞれが無条件のスター選手だが、トークの最中、前園は常に一歩下がっていた。もう僕にはサッカーを語る資格なんてないんだからというスタンスでサッカーについて語り続ける中田の矛盾を観察しながら、そのまま突き進まないようにタイミングを見計らって戯れていく前園。

バラエティ番組などで頓珍漢な応答を繰り返す前園が一躍ブームになると、「なぜ今、前園が」という方向の記事をいくつか見かけた。私にとっては、タクシー運転手への暴行事件で現行犯逮捕された二〇一三年秋まで、テレビ東京のスポーツニュース『neo sports』で見かける機会が多く、前園はむしろその場をしっかり引き締めて終わらせることができる人、という印象が強い。それでいて、武田修宏が持ち運ぶ「やっぱり六本木」臭も、小倉隆史が放っていた「笑いも取れます」臭も、城彰二が得ようとしていた「あくまでも生真面目に」臭も巧妙にブレンドされている。加えて、Jリーグや日本代表の監督を務めるための免許「JFA公認S級コーチ」も持っている。前々から、意外と抜け目がない存在との認知だった。

先のトーク番組の最後を締めたのも前園だった。「カズさん、サッカーの話をしていると生き生きとしていますね。やっぱサッカー大好きなんすね」。どの瞬間よりもうれしそうに破顔するカズ。前園は突っ込まれキャラみたいな立ち位置で分析されることが多いが、これまでのスポーツ番組といい、このトーク番組といい、むしろ、話をまとめる力量を感じる。それでいて、「はい、まとめますよー」という合図を出さない。日曜の朝が『ボクらの時代』ならば、土曜の朝は『サワコの朝』（TBS系）。司会を務める阿川佐和子、彼女の話術については『聞く力』(文春新書)というベストセラーもあるし、わざわざ記すまでもない。でも、いざ、このトーク番組を見てみると、阿川の話術のどこが突出しているのだろうと時たま迷う。ちぐはぐな答弁を相手に突っ込まれることも多々あるし、そっちにいっちゃうのかぁと戸惑わせることもある。

今一度、『聞く力』を読む。阿川は、話が脱線した時、相手の息継ぎや呼吸に注意を払い、相手がこの話をするのを楽しんでいるのか、無理して話を延ばしているのか、何かその奥に隠していることがあるのか、などを判断し、話の戻し方を考えているという。「話の中身を充実させること」と「話術」って、イコールではないのだ。阿川はその両方を兼ね備えているが、前園を見ていると、話の中身は不十分でも、話術は十二分に備わっている人なのではないかと思う。一つの話題を進めるたびに中身がちぐはぐしてしまい、それを笑いとして拾われるのだが、話術はあるのだ。相手を気持ちよくさせる応対という点で、まさかのまさか、阿川佐和子的話術が身についていると思うのだがどうか。

吉田羊を「ミステリアス」と評するミステイク

「インディーズの頃から知っている」「バックダンサーだった頃から目を付けていた」「端役だったけど確かにあの頃から存在感は突出していた」という報告や評価は押し並べて疑わしい。音楽でも映画でも演劇でもそれを専門に論じている人のもとには、そのシーンの最新情報というか、「芽生え」情報が、「これから芽生えますよ」という触れ込みとともに、五月雨式に入ってくる。そのようにして半ば強制的に接することになる情報に対して、それぞれ判断せずに淡々と流しておき、存在の把握だけを取り急ぎすませておくのだ。そんでもって、後々突出した活躍を確認した時点で、その流れをさかのぼり、かつての「把握」を「評価」に高める歴史の改竄をおこない、ええもう、あの頃からの理解者でした、と言い始めたりする。

今、吉田羊が流行っています、と伝える論評をいくつか探し出してみたが、いわゆる芸能評論家と呼ばれる人たちが、「自分は前から目を付けていた」方面の言葉を漏れなく差し込んでいて、改竄の気配がプンプン漂う。しかしそれは、当人の記憶を好都合に逆流した上でおこなわれる改竄である以上、本人以外が「それ、改竄」と指摘することは不可能なのである。私自身、彼女のことは二〇一〇年のドラマ『外科医　須磨久善』（テレビ朝日系）の医師役を演じていた頃から、彼女の眼光には何か引き付けられるものがある、と評価してきたのだが、そんな評価はもちろんウソである。

木村拓哉主演『ＨＥＲＯ』（フジテレビ系）に抜擢されて以降、ドラマ、バラエティ、ＣＭ問わず頻出している吉田羊は、突出して目立つようになった人が必ず出るバラエティに押し並べて登場し、場の特性に合わせて弾けながらも、基本的にはそのつど代わり映えしないトークを披露してきた。「どうして年齢を公表していないんですか？」「オファーしていただく側に、自由に年齢を捉えてほしいんです。公表してしまうと、どうしてもその年齢に合った役どころばかりになってしまうから」という会話を四回は聞いたが、この取り組み方は、確かにブッキングする側にとっては有効なのだろう。

逆に、伝える側のメディアは困る。なぜって、それなりに年を重ねた女優がセーラー服を着ればそのギャップを記事にし、まだまだ若い女優が未婚の母役に挑戦すればそのギャップを記事にしてきたのだから、年齢非公表の扱いに抗体がない。頻出していた番組でのトークのほとんどは、「学生時代、好きだったドラマは？」「アイドルだと誰が好きでした？」などの質問を吹っかけて、彼女の年齢を特定しようとする働きかけに向かう。年齢を明かさないという一点を貫くだけで、紹介文やテロップなどで「ミステリアス女優」と銘打たれる。生年を明らかにしない理由を繰り返し丁寧に明らかにしている以上、ちっとも謎めいてなどいないのだが、いや、こりゃあもう、ミステリアスだという。「ミステリアス」で盛り上がったあとは、「マネージャーとの二人三脚」という苦労話を手短に挟み込む。

セーラー服や未婚の母役に代表されるように、演じる本人のスペックと役どころのスペックに大きな差異が生じていれば「新たなチャレンジ」方向の言葉で引っ張り上げられる。その人とその役のギャップから売り文句をこしらえる流れにすっかり慣れている私たち。「吉田羊ミステリアス」で検索してみてほしいが、吉田羊が年齢を非公表とするだけで「ミステリアス」一色になったのは、ただただ自分たちのいつもの記事作りには当てはまってこないからだけなのだが、そうやって急場しのぎの「ミステリアス」の恩恵を受けてもいる本人は、年齢を公表しない理由を進んで繰り返し宣言していく。

吉田羊はドラマでキャリアウーマンを演じることが多い。月9ドラマ『恋仲』(フジテレビ系)では、福士蒼汰が働く会社の社長を演じていた。多くの人々にとって既に記憶の彼方だろうが、二〇一五年の上半期をにぎわせた事件に大塚家具の後継者騒動がある。父である元会長の発言「悪い子供を産んでしまった」に代表されるように、あれには韓流ドラマや昼ドラにありがちな展開が存分に盛り込まれていた。まったくブレない大塚久美子社長の存在感がドラマの軸。株主総会で、実母からの設問を「他の方もいらっしゃいますから手短に」とさえぎったのは、(音声だけの流出だったが)その手のドラマならば確実に次回予告に使われる名シーンだった。

バリバリ仕事ができるキャリアウーマン役って、「プレイ」の濃度が高い。つまり、「こういう感じだろ」と類型化して描かれる。「天海祐希みたいな上司」は、天海祐希が想像する以上に全国各地に拡散している。戦隊ヒーローものが五人のうち一人をピンク色の女性にしておこうと決め込まれてきたような強制性で、物語の人数バランスから考えてキャリアウーマンを配置していく感覚。ドラマの配役として天海祐希を上司に据えた場合には、その女上司を軸に物語を動かさなければならないが、ただただ設定してみた程度の配役ならば、そのポジションに人気がありすぎる人材を置くのは難しい。このような時に、「好きに年齢を捉えてほしい」と繰り返す吉田羊の存在が重宝されるのではないか。清々しいまでに揉み消されたが、ジャニーズJr.との年の差恋愛が発覚すると、突然、ありがちなAVの設定のようになり、ミステリアスの起因となっていた年の差が露悪的に語られるのだった。

確かにキャリアウーマン役が堂に入っている印象を受けるのだが、それは、本人の演技がどうのこうのではなく、メディア側が望む「プレイ」をほどよくこなしてくれたからなのだろう。つまり、起用する側が、吉田羊を記号的に処理している。加えて吉田羊自身が、その雑なプレイを維持しようと望んでいるようにも見えるのは、メディアがいつまでも記号的に判断してしまう悪癖を直さないことを、長いキャリアのなかで認識してきたからなのだろう。吉田羊＝ミステリアスとの称号には、メディアの手癖というか悪癖が表出しているし、彼女はそれに、献身的に付き合おうじゃないかという意向を示し続けている。重宝されないはずがない。ミステリアスの成分が迎合であるという事実こそ、ミステリアスではないか。

なぜ小堺一機は語られないのか

実はそこまで具合悪いわけじゃないんだけど「授業で当てられる順番だし」程度の理由で学校へ行くのを拒んだ日、パートに出かけた母親が作り置きしていったピラフをチンして『笑っていいとも！』と『ごきげんよう』をダラダラ続けて見る。みんなは今頃授業受けてんのにこっちはダラダラ……こんな中高時代のプチ悪行の記憶を共有してくれる人は少なくないだろう。『いいとも！』だけではなく、『ごきげんよう』まで続けて見るのがダラダラを体感するためのポイントとなる。レギュラーもゲストも何だかんだで一流芸能人ばかりな状態を昼に見られる『いいとも！』のお得感が、『ごきげんよう』でじんわりと薄らいでいく。

篠原涼子が番宣をしにクイズコーナーにまで参加する前者、城之内早苗の最近ビックリした話に耳を傾ける後者。佐藤浩市が意外とフレンドリーだと気づく前者、高橋克典の筋トレ話をただただ受け止める後者。『いいとも！』と『ごきげんよう』は比較対象ではないし兄弟番組

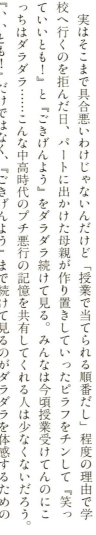

でもなかった。視聴者が心持ちを変換して、無理やり連結させてきたのだ。元も子もない言い方をすれば『いいとも！』が終わったのは『いいとも！』を見る人が少なくなったからだが、この番組が終わろうとしてからというもの、タモリを語ろうとする働きかけがとにかくいろいろなところにあふれた。しかしながら、どの考察を覗いても、生活に根ざしていたこの連結についての言及がない。つまり、タモリや『いいとも！』を論じる時に、小堺一機や『ごきげんよう』が補足的に論じられることはなかった。どの企業であっても社長が退くとなれば次は田中専務か佐藤常務かと、そばに控えてきた名前が取り沙汰されるものだが、『いいとも！』が終わる際、『ごきげんよう』が十二時に昇格するのかどうかという推察も希望も一切聞こえてこなかった。むしろ十二時に繰り上げられたのは他局の『徹子の部屋』で、森田社長が退いたあとも小堺専務は専務のまま据え置きになった。それどころか、二〇一六年の三月に番組は終了してしまった。

『ごきげんよう』が始まったのは一九九一年のこと。八四年に始まった前番組の『いただきます』から数えれば実に三十年近くもタモリの後ろに控えてきたことになる。小堺一機、そして『ごきげんよう』が語られなかったのは、ただただ残酷に、「つまらないから」とのジャッジがあった。こればかりは致し方ない。ふとつけた、ある放送回で登場していたのは、音楽プロデューサーの浅倉大介。白髪に染めた髪を指さし、小堺は「ホワイトヘア！」と突っ込んでみせる。「ブルーのパンツに……赤いブーツ……白いジャケット……グラデーションのシャツ！」とその日のファッションをビックリマーク付きのテンションで紹介するのは毎度のこと。タモリの「髪切った?」の「?」に対して、小堺のトークは何かと「!」。感嘆符「!」は『いいとも!』よりもむしろ『ごきげんよう!』に似合う。忘却する前に確認しておきたいが、テンションが高かったのは、むしろ十三時からのほうだったのだ。じゃないともたなかった、のかもしれなかった。話を整理するために無礼な例示をするが、だって、十三時まで出ていたゲストは鈴木京香だが、十三時から出るゲストは小川菜摘なのだから。

二十年を超える長寿番組『ごきげんよう』には、今のバラエティに通じる装置とシチュエーションがいくつも用意されてきた。ライオン君との絡みは、バラエティに頻出するようになったゆるキャラとの戯れ方を教えてくれるし、サイコロの出た目でトークするという設定は(目的は違えど)『人志松本のすべらない話』(フジテレビ系)や『モヤモヤさまぁ~ず2』(テレビ東京系)でのとれ高サイコロにもつながってくる。「テレホンショッキング」冒頭でのタモリと観覧者たちのやりとり、そして出たサイコロの目の略称を観客に反復させる「ごきげんよう」のやりとりは、「観客を巻き込み盛り上げてもらうが、本格的な介入はさせない」というトーク番組の一つの定型を作ってきたとも言える。「志村、後ろ!」とまでは言わせない「半参加」型スタイルの強制。

晩年は、テレビの前で待ち構える番組ではなくなっていたが、久々に『ごきげんよう』を見ると、話者を引き立てて、その他のゲストの話を挟み込みながら話者のエピソードを盛り上げていく小堺の建設的な仕事ぶりに感服するのだった。タモリの自然体と無気力の巧妙なブレンドは「引き算」として語られるが、小堺一機の手法は常に「足し算」。やたら加算していく態度は今のバラエティに通底するテンションだと思うのだが、やっぱり小堺一機が語られることはない。

『いいとも！』の横、つまり他局を見比べれば、ゲストの話さえ聞かない黒柳徹子がいて、主婦のお悩み相談をしかめっ面でうなずいてきたみのもんたがいた。脂ギッシュなみのもんたと化粧ギッシュな黒柳が二人して放つ前のめり感を、『いいとも！』の縦、つまり小堺一機も持っていた。それなのになぜ、これほどまでに小堺一機のギッシュは語られなかったのか、比較されなかったのか。『笑っていいとも！』の終了の理由を番組関係者は「金属疲労」（「朝日新聞デジタル」）と語っている。ならば、『ごきげんよう』の終了もまた金属疲労なのだろうか。しかし、疲労の原因さえ語られていないのである。疲労のもととなる金属をシビアにすり減らしてきた印象はない。

『ごきげんよう』は、「語られない」ことで現状をキープし続けてきた。なんてことない番組が、なんてことないテンションで、なんてことない話を重ねてきた。具体的に言えば、杉浦太陽が「最近、子供たちがハイタッチしてくるんですよー」と破顔する場所に、疲労は生じ得なかったのではないか。そもそも金属など存在しえなかったのか。このノーストレスな風景がひっそりと閉じていくという状況にまで、私たちは無関心を貫いてしまった。

やっぱりまだ、aikoの魅力がわからないんです

『日本タレント名鑑』（VIPタイムズ社）には約二万三千人も登録されているのだから、こういったコラムで繰り返し同じ人物を取り上げるのを法度にしてきたが、「やっぱり最後はａｉｋｏでしょう」という、ただならぬ圧力に屈することになった。最後といっても連載が終わるわけではなく、連載の編集担当者が人事異動で代わるのだ。

狂信的なａｉｋｏファンで知られる編集者にその魅力を問いつつ記した原稿「ａｉｋｏの魅力がわからないんです」は反響を呼んだ。こちらからの「大塚愛じゃダメなんですか？」という問いに対する「寿司と回転寿司を一緒にしてはいけません」という返答は業界を震撼させ、編集者が他媒体でａｉｋｏ愛を語るロングインタビューに登場する事態にまで発展した。偏愛に満ちたインタビューには改めて唖然としたが、ファンからの書き込みには「的外れではないが、おおむね新しいことは言っていない」と醒めた反応さえあったようで、この深遠な世界に

踏み入れることはもうやめようと心に誓っていた。

とはいえ、お世話になった編集者に感謝の意を表するのに、ちょっとした手土産でお茶を濁すよりも再度ａｉｋｏを突き詰めるべきではないのか、と思い始めた。編集者がそういうふうに仕向けてきた、とも言える。「ａｉｋｏと結婚する」と宣言してはばからない編集者をこうして再度議論に登場させることで、その目標に少しでも近づけるならば本望だ。挨拶代わりに「星野源がアミューズに移籍しましたね」と投げると、「今回の話と関係ありますか？」と不愉快そうな顔を向けてくる。

この間に生じたａｉｋｏ周辺の出来事として最たるものは、十一年連続で出場していた二〇一四年『ＮＨＫ紅白歌合戦』の落選だろう。ａｉｋｏ同様に連続出場が途絶えた浜崎あゆみは、これは落選ではなく卒業だとし、「お互いにパーフェクトなタイミングで笑顔で手を振り合い、ベストな形でお別れが出来た」と「Twitter」につぶやいた。わざわざ英語で「About Kohaku. Yes, we are saying goodbye to each other with good spirits.」とも書き込んでおり、往生際が悪い。一方のａｉｋｏは、素直に「紅白落選した　ちっきしょーーーー！！！」とツイートした。グッドスピリットなままグッドバイできた、といった言い訳をせずに、素直に悔しがったａｉｋｏ。「あのコメントは気持ちよかったですよね」と話すと、星野源というキーワードを投じてから曇ったままだった顔に、ようやく明るさが戻ってきた。

編集者「そもそもａｉｋｏが十一年連続で『紅白』に出ていたという事実に驚くでしょう」

武田「確かに、連続出場感があまりにも乏しい」

編「それは、そこら辺のアーティストが「○年連続で出場！」と騒ぎ立てるようなプレゼンを一切してこないからです。つまり、市場に媚びていない」
武「ただ印象に残っていない、というだけではないでしょうか」
編「呆れます。もっと、Twitterやブログを読み込んでください。自分からのメッセージで自分のポジションを固めていくという姑息なテクニックを一切使っていない人だってことがわかるでしょうから」
武「お言葉ですが、そう思わせることこそ、テクニックなんじゃないですか？」
再び、顔が曇る。
浜崎あゆみは「ベストな形でお別れが出来た」と自分で書き、主導権を強奪した。ａｉｋｏは「ちっきしょーーーー！！」と素直に悔しがった。どうだろう、親しみやすさを維持するという意味でテクニカルなのは後者ではないのか。豆乳の写真をアップして「これで、おっぱい大きくな……らへんな」とつぶやくａｉｋｏは誰よりもテクニカルな人なのではないか。
編集者「これが僕のいちばん好きな歌、「シアワセ」の歌詞です」
武「「これが幸せ　今の幸せ　ついて行くわ」ですか。一定数の女性を怒らせそうな平凡な歌詞ですね」
編「それが思慮が浅い連中のａｉｋｏへの誤解です。注目すべきは後半のこの部分です。歌詞を読みますよ。「静かに終わりが来たとしても　最後にあなたが浮かんだら　それが幸せに思える日なのです」。わかりますか、ここにａｉｋｏの本質があります」

武「なんだか、伍代夏子とか藤あや子とか、あの手の世界に近いですね」

編「前回、武田さんは「特効薬のように「誰の何を代弁しているのか」に即答させられる時代に」「自分だけにしかわからない感覚的な迷路を用意してずんずん迷い込んで」いると書いていた。いい線いってましたよ。彼女は決して女性性を歌っているのではないのです。男と女の主従関係について歌うのではなく、むしろ、その主従関係全体を包もうとしているのが彼女です」

武「つまり、死生観」

編「そうです、そのとおりです」

適当に「つまり」を使ったら、思いのほかヒットしてしまった。何がそのとおりなのか理解できていないが、とても満足げなので掘り下げないでおく。

「ファンとしての最終目標は何なんですか」と問うと、「ちょっと、そういう性的な質問はやめてください」と返ってくる。人事異動は正解だったかもしれない。aikoは新譜がリリースされるたびにCDショップへ出向き、試聴機で自分の作品を聴いているファンに声をかけるのだという。彼は、aiko本人やその周辺がこの記事を読んでくれているわずかな可能性にかけている。いつか試聴中にaikoから声をかけられた時、自分から名乗り、「ああ、あの時の！」「そうなんです！」とスムーズに会話が始まるチャンスを作りたいのだという。人事異動は正解だったかもしれない。でも、最後なので、止まらない会話にもうちょっと付き合おう。

「こういう職業をやっていると、知り合いの知り合いくらいにａｉｋｏとつながりがある人が出てきてもおかしくはない。でも出てきません。オープンに見えるけど閉鎖的なんです。フェスにも出ませんし。天照大神と天の岩戸の神話を思わせますよね」

「雑誌でａｉｋｏが着用していたものと同じニットです、なんてオークションに出ていたりするわけです。ＪＵＪＵが着用していたものと同じショートパンツです、は出てきません。どういうことかわかりますか？」

「マイナビウーマン」のアンケート、「話していると疲れる人の特徴を教えてください」の第一位、四四・五パーセントという最も高い数値を叩き出したのは「自分の話ばかりする」だった。しかしこれは、男性に聞いた女性についてのアンケートで、今、自分が相対しているのは、「自分の話ばかりしてくる女性」ではなく「ａｉｋｏの話ばかりしてくる男性」だ。今、私が直面している疲労を、どのアンケートも代弁してくれない。

ａｉｋｏという存在は、ある一定の閉鎖性を持ち、積極的にアプローチしていかないかぎりは、輪郭さえ見えてこない。前回指摘した「自分だけにしかわからない感覚的な迷路を用意してずんずん迷い込んでいく」仕組みと魅力は、引き続きわからない。つまり、議論はちっとも進展していない。でも、今回、ａｉｋｏを書かなければならなかった。（フルネームで記す理由は本稿より察していただくとして）大熊信さん、ありがとうございました。こちらがそちらにできるお礼はこれくらいです（その後、たった一年で担当編集者として復帰）。

広瀬すずに謝らせようとする仕組み

男性アイドルと温泉宿で抱き合う写真が流出したにもかかわらず、その件についての言及を控える女性アイドルに向かって、以前のメンバーの時は坊主にしてきただろうよ、別のメンバーは地方に飛ばされただろうよ、それなのに今回はお咎めなしだなんて納得がいかないぜ、という論調を見かけたが、私は常識人なので、男性と一緒にいたことが発覚した時点で制裁が下されなければならないとの声が高まる仕組みを作っている側を、坊主にして地方に飛ばしたくなる。

フジテレビのドキュメンタリー番組『ザ・ノンフィクション』で放送されていた「AKBと日本人——「圏外」の少女たち」を見た。選抜メンバーになれないアイドルの苦境を追ったドキュメントだが、制作陣の強い意図を感じるショットに目を奪われた。握手会にやってくるファンとアイドルが握手する手元をズームで撮る。ただただ握手するだけだと思っていたこちら

は絶句したのだが、彼らはアイドルの手の関節部分を指先で撫でたり、握手した両手を揺らして接触の度合いを高めたりしていた。ファンの間では当たり前の行為なのかもしれないが、私は常識人なので、こういう仕組みを作っている側を、坊主にして地方に飛ばしたくなる。

　アイドルはかくあるべし、という定義は、アイドルという存在を建設的に引き上げるためには有効だ。しかし、その「かくあるべし」にイレギュラーな事態が生じた時、どこまで社会常識とやらを注いでみるべきかは難しい。未成年での酒やタバコは許されるべきではないが、日頃の言動の隅々にまで社会常識を強要されるのは酷な場合もある。

　過剰なまでに見かける状態が続いている広瀬すずが『とんねるずのみなさんのおかげでした』（フジテレビ系）の「食わず嫌い王決定戦」で、照明スタッフに対して「どうして生まれてから大人になった時に照明さんになろうと思ったんだろう？」と言い、音声スタッフに対して「本当に棒を……声を録るだけでいいの？」と発言したことに対して、裏方仕事をバカにするなとの批判が殺到した。

　一旦、話題を自分の経験談にそらす。学生時代、映像制作会社でＡＤの仕事をしていたのだが、他の誰もやってくれない地味で面倒な下っ端仕事に、関係各所から回収したＶＨＳのラベル剥がしがあった。ＶＨＳを再利用するため、ラベルを丁寧に剥がす必要があったのだ。ラベル剥がし専用のスプレーを吹きかけ、数分染み込ませて、専用のヘラで剥がしていく。誰の注目も浴びない仕事なのだが、月日を重ねるにつれ精度が上がり、ラベル剥がしをさせたら自分の右に出るものはいない、との自負が芽生え始める。スプレーを少量で済ませる方法など、日に日に効率的になっていく。そのラベルの剝がしっぷりについて誰からも言及されたことはなかったが、仕事とは必ずしも日が当たっている必要性などない、と知ったわけである。

広瀬すずは、世間のバッシングを終息させるべしという周囲の意向を背負い、「Twitter」に「軽率な発言がありました。いつもお世話になっているスタッフの方々に誤解を与えるような発言をしてしまい申し訳ありませんでした。本当にごめんなさい」と記した。ラベル剝がしAD歴三年の私には、彼女から「なんでそんなことをやってるの?」と疑問に思われても、照明さんや音声さんがいちいち苛立つはずなどないとの確信がある。「本当にシールを……シールを剝がすだけでいいの?」と言われても、「ええ」と答える。繰り返すが、仕事とは必ずしも日が当たっている必要性などない、からである。

彼女が出演した明星のCM「一平ちゃん 夜店の焼そば」では、小袋のマヨネーズを焼きそばにかけ、何かを吸うような唇を映し、マヨネーズで「LOVE」と書かせたあと、カメラに向かって「全部出たと?」と言わせた。批判を受けたからか、「全部出たと?」は「好きな人おると?」に変わったが、明らかに視聴者のエロい妄想をかきたてる作りになっていた。代理店とクライアントが集った最終会議で「グフフ」とほくそえんだ面々が導いたとしか思えないこの手の間接エロCMは、先述したように石原さとみを筆頭にやたらと目立つようになっている。

こんな時、もうこちらは大人だけれども、大人ってイヤだなと思う。間接エロCMを撮っておいて、視聴者からクレームが入れば、「えっ、そんな意味じゃなかったのに。いやんなっちゃうなぁ」と頭をポリポリかきながら修正する。タレント本人が、バラエティに流れる雰囲気を察知しながら発した他愛もない発言にクレームが入れば、「まっ、でも誤解を招いたんだからさ」と頭をポリポリかきながら、タレント自身に最も近いツールである「Twitter」で謝らせる。

育てる側はこのようにして「外から管轄しながらも、アイドルの自発性を維持させる」テクニックを高めていく。アイドルに「やらせていること」が、いつの間にか本人が「やっていること」に姿を変えると、あとは全体の物語・シチュエーションを用意するだけで事が運ぶようになる。それ自体はひとまず悪ではないのだが、親近感とか等身大とか神対応とかいったアイドルとファンとの距離感が常に問われているなかで、生じたトラブルについてはその責任をアイドル個人に丸ごと背負わせていくのって、過酷なシステムだ。

評判を作り上げるのは周りの大人、評判の下落を受け止めるのは当人。それが芸能界の「ガチンコ」な仕組み、とうなずくだけではいけない。VHSのラベルの剝がし方を極めたこちらは、知らない誰かに職人芸を小バカにされても気分を乱さないことを知っている。でも、今の世相は、たとえ相手が気分を乱していなくとも、「気分を乱すかもしれない」発言を許さない。その気配を察知して、周囲が本人に謝らせる。やっぱり私は常識人なので、こういう仕組みを作っている側を、坊主にして地方に飛ばしたくなるのである。

唐突ですが、TRFのSAMについて考える

「SAMって、安室と別れた後くらいから一切年取ってない感じがしますよね。逆に女性ダンサーのETSUとCHIHARUって、前からずっと年取ったままですよね。いずれにせよ、あの五人、ずっとキープしてます。もしかしたら不老不死ってTRFのことなんじゃないかと思って、だとすると不老不死って、そんなにいいもんじゃないのかもしれませんよね」

このようにして編集担当に、次回の連載で取り上げるのはTRFのSAMでどうでしょうとメールしたところ、しばらくして「ビッグダディ辺りでどうでしょう？　ピンとこなかったらSAMでもいいですけど……」とあまり気乗りしない返事がきた。SAMでもいい、とは、なんと傲慢なのだろう。SAM感を人と共有したことはないけれど、これだけスピーディに低い評価を人に投げてしまえるとはいかなるSAM感か。これはやはりSAMを問わねばとピンときた。

TRFは見た目のカロリーが高い。しかし、内面というか思考のカロリーは高くない。近年の安っぽいミュージシャンがUSBに入れて常にコピペできるように持ち運んでいる「親しみやすさ」「等身大」といったアイテムはTRFには内蔵されていない。かといって「イージードゥダンス！　フォー!!」は、ひたすら能天気に乗り切っていたバブル臭を引きずっているわけでもない。彼らはなぜ、あのハイテンションを維持・管理し続けられるのか。冷静に俯瞰してみると、この五人組には役割分担がなく、それぞれが自由に「ただ者ではない」とだけ思わせるオーラを発し、長年そのオーラを漂流させてきたことが見えてくる。DJ KOOのキャラクターがバラエティ中心にもてはやされているが、あれは、ただ者ではないが大物ではないTRFのあり方を、再度世の中に問うているとも言える。

それぞれがそれぞれで培養してきた見た目のハイカロリーで、奇跡のロングランを続けてきた。「WIRED」の元・編集長であるクリス・アンダーソンが著書『ロングテール』（早川書房）で提唱する前から、TRFは「ロングテール」の概念で動いてきた。冒頭のメール文にも書いたとおり、SAMは年を取らないし、一方の女性ダンサーはずっと昔から年をとったまま変わらない。それは、YOUがもうすぐ五十歳だなんて信じられない、というのとはアプローチが違うし、原田知世の不変っぷりったら、という称賛とはすさまじい距離がある。同じ「年を取らない」というテーゼを並走しているにもかかわらず、TRFの不老には不死をつけたくなる。つまり、ビューティーに向かわないアンチエイジングがそこにはあって、DJ KOOが少数民族の長老と化していく様だけが年の重なりを感じさせてくれる。

「生きづらさ」をベルトコンベアに乗せてそれっぽい歌詞を安定供給することに成功した浜崎あゆみ以降の音楽シーンはとりわけ、痛切な自分が切り売りされたり大盛り無料で取り放題になっていたり、替え玉百円になっていたりするわけだが、ＴＲＦがｔｒｆだった小室プロデュース全盛の時代って、閉塞感（阪神・淡路大震災、オウム、少年犯罪など）がてんこ盛りだったことも影響してか、売れ筋のエンタメにいくら空疎があふれていても、そのつど検討されることなくそのまま素直に咀嚼され流動食のように身体のなかに流れ込んでいた。ｔｒｆが徹底的にビジュアルで記憶されているのは、あの時代の空気もあったのだろう。

これぞＴＲＦ、として頭に定着しているのは激しく踊る姿ではなく、実に細かい瞬間だったりする。ＹＵ－ＫＩが歌う後ろで、軽くサイドステップを踏むＳＡＭの姿だ。両サイドでＥＴＳＵとＣＨＩＨＡＲＵがそれなりに激しく踊るなか、ＳＡＭだけがＹＵ－ＫＩとＤＪ ＫＯＯの間で小休憩するかのように静かにサイドステップする時間帯が、それなりの頻度でおとずれる。かなり前に原口あきまさが「ボーカルを消さない感じで踊るＴＲＦのＳＡＭ」と題してモノマネをしていたが、あの小休憩ダンスがＳＡＭのＳＡＭらしさ、ＴＲＦらしさである。あの「小休憩的サイドステップ」こそ、ＴＲＦのハイカロリーを私たちが摂取しやすい数値に落としてきた、つまり、ＴＲＦ不老不死の立役者ではないのか。私が恐る恐る提言したい、クレイジー・ゴナ・クレイジーな仮説である。

「survival dAnce」を踊っているが特に何かサバイバルしている様子はなかったし、「Overnight Sensation」のサブタイトルはそもそも「時代はあなたに委ねてる」で、こんな他人任せをＥＸＩＬＥなら許しはしない。ＳＡＭという名前の由来は「寒がりだからＳＡＭ」だということはファンならよく知るところだが、こういうダジャレをＨＩＲＯは嫌う（知らないけど）。そもそも、ＥＸＩＬＥ的な文脈では「小休憩的サイドステップ」は許されない。スローテンポな曲であろうとも、サビに向かっていく途中のひとまず落ち着いたメロディラインの段階であろうとも、彼らは肉体のかぎり踊らなくてはいけないからだ。あの時代は、小休憩が許されていた。今は許されない。

ＴＲＦが監修を務めたエクササイズＤＶＤ『ＴＲＦイージー・ドゥ・ダンササイズ』（宝島社）はなんと累計百五十万枚の大ヒットを記録している。ネットでレビューをいくつか拾うと「難しいと思っていたＴＲＦのダンスが意外と親しみやすく、初心者の私でも続けることができます」という声が相次いでいる。ビューティー・ファシズムがあちこちにプレッシャーをかける世の中にあって、ビューティーに向かわないＴＲＦのアンチエイジングが、すうっと大勢の心に入り込んだのである。近年の安っぽいミュージシャンが必ずＵＳＢで持ち運ぶ「親しみやすさ」「等身大」を持たないＴＲＦが、こうして茶の間で身体的に浸透し直される。これは大げさでなく、不況にあえぐ音楽界の一つの奇跡であって、そのワケを私は、ＳＡＭの「小休憩的サイドステップ」にあり、と断言しておきたいのである。ＥＴＳＵとＣＨＩＨＡＲＵについて語る筆力は、まだまだ今の私にはない。とりかかろうものなら、大仕事になる。

西野カナの話をすると人はつまらなくなる

流行りのJ―POPの歌詞は基本的に常に稚拙である。自分も例に漏れないが、現代社会を考察する論考の多くで、その稚拙な歌詞はシニカルに、そして容易く取り上げられてきた。西野カナの「会いたくて会いたくて震える」という歌詞は、今世紀を代表する稚拙な歌詞世界としていたずらに笑われている。その他の曲でも「つのる想い」や「忘れられない気持ち」を歌うことが多い彼女の歌詞は、「いつになったら会えんだよ！」「早いとこ忘れろよ！」という突っ込みを浴び続けている。綿矢りさが『勝手にふるえてろ』（文藝春秋）という小説を出した時には、西野カナへのアンサーノベルかと思ったほどだ。

J―POPの歌詞のわかりやすさには二種類ある。ラーメン屋で例えるならば「全部乗せラーメン」と「シンプルなラーメン」だ。GReeeeNやソナーポケットといった、青臭いことをためらわずに伝えたい言葉としてとにかくすべて盛り込んでいくスタイルと、限られた言葉を

どの曲でも使い回していく西野カナのようなシンプルなスタイルを一緒くたにしてはいけない。わかりやすさは一緒だが、全部乗せの前者は、受け入れるか受け入れないかの二択であり、どちらかを選ぶ以外に考察する余地など残されていない。しかし後者には考察の余地がある。この目の前に置かれたシンプルは、シンプルを突き詰めたこだわりの味なのか、もしくは海の家で食べるような安っぽさならではのおいしさなのか、やっぱりただの粗雑なラーメンか。それを考えずして稚拙と片づけてはいけない。

本人はインタビューなどで、たとえ同じ言葉を使っていても、シチュエーションごとに捉え方は違うはずだからと、「会いたくて会いたくて震える」方向の揶揄は本望ではないと表明している。これは確かな説得力を持つ。ある言葉から一つのシチュエーションしか思い浮かべることしかできないこちらの考察や発想こそ稚拙かもしれないからだ。彼女はこの数年、デビュー当初の評判を覆すように、女性シンガーソングライターとしての確固たる地位を築いているし、歌唱力にも明らかに磨きがかかってきた。

とはいえ、作りがシンプルなので、熟考するのは簡単なことではない。他人の頭を借りるしかない。「カナについて語るなら三十分では無理です、別日にしてくれますか？」と何度かの日程調整を繰り返し、十五時から十七時という二時間の余裕を持たせた上で西野カナについて語ってくれたのは、とあるサブカル雑誌の男性編集者・三十四歳。熱狂的な西野カナファンとして知られ、彼のツイートは時折、「カナ！！！！」と、なにがしかの興奮が頂点に達したことだけを知らせてくる。不安になる。

取材場所は歌舞伎町のルノアール。斜め前の強面の男が「あの件は桜井にケツ拭かせろよ」とすごんでいるなか、打ち消すかのような声量で西野カナの魅力を語り始めた。桜井の行方が気にかかるのだが、仕方がない。

編集者「武田さん、カナが二〇一四年に出した「Darling」の歌詞を知っていますか。同棲の歌です。サビは「Ah　なんで好きになっちゃったのかなぁ」です。「かなぁ」です。カナとかけているんでしょうね」

武田「ブレンドコーヒーでいいですか？」

編「早速、核心をついたことを言いましょう。カナは男が好きだけど、セックスは好きではない」

武「ブレンドコーヒーきましたよ」

編「二〇一三年の『MTVアンプラグド』見ましたか？　カナはこの数年でとにかく歌がうまくなっています。「どこが好き？」と聞かれたら、まずは「歌がうまい」と答えます」

武「確かにそう思います。何年か前の『FNSうたの夏祭り』でシンディ・ローパーのカバーを倉木麻衣、miwa、JUJUと一緒に歌っていましたが、引っ張っているのは明らかに彼女でした」

編「でしょう。カナのことを「ギャル演歌」だとかそういう分析をしたまま、アップデートしていない論客がたくさんいるのには辟易しますね。事実、彼女はもうギャルを脱しているでしょ」

と、編集者はおもむろにスマホをイジりだし、コレクションしているという西野カナの画像を見せつけてくる。

編「見てください、最近のカナの格好、全身LUMINEでコーディネートしたかのようです。つまり、カナは109を捨ててLUMINEに移ったんです」

武「ほほう、なるほど。どこまで現実的なのかは知りませんが、女性は歳を重ねるごとに読むファッション誌をチェンジしますね。少なくとも、それに見合ったファッション誌がそのつど用意され続ける。洋服を買う場所も変わる。西野カナはそういう道を順当に進んでいるということですか」

編「「LUMINEカード10%OFFセール」の時期にLUMINEに行くと、こういう人が合コンにいたら惚れるな、という女の子がいっぱいいますよね。カナってそういう感じなんです」

武「どういうことですか。つまり、個性がないってことですか」

編「……トラウマになっていることがあります。先日ある女性にカナへの愛を語っていたら「若い女なら誰でもイイってことでしょう?」とあしらわれました。情けないことに、答えに詰まってしまった」

武「つまり、西野カナならではの何かを、即答できないと。今日の取材に前もって、彼女のブログを半年分は読んできました。二〇一五年のテーマを一文字で表すと「縁」だとし、一人旅に出かければちょっとしたトラブルに焦り、節分の日には恵方巻きを食べ、新しいネイルにしたらそれを載せる。まとめて読んでみると確かにその女性が言った「誰でもイイ」という指摘に納得しそうになります」
編「何言っているんですか。彼女のライブはすごいんですよ。アレだけの歌唱力で歌い上げておいて、ＭＣがとってもキュートなんです」
ルノアールでは、注文した飲み物が空になったくらいのタイミングで緑茶が出てくる。「ごゆっくり」とは言うものの、「さすがにそろそろ……」という含意がある。編集業だけではなく放送作家やライターとしても引っ張りだこの業界の先輩にこんな言い方をするのは失礼と思いつつも、こう切り出すしかなかった。
武「「歌唱力がすごいのに、ＭＣがキュート」って、その話、つまらないですよ」
みるみるうちに顔が曇る。歌舞伎町のぼったくりバーで根こそぎひったくられたかのよう。桜井にケツ拭かせようとしていた強面はもういない。
編「……恐ろしい。僕としたことが。いつだって面白い話をしようと心がけている僕が、「歌唱力がすごいのに、ＭＣがキュート」だなんて。ああ、確かにつまらない、とことん面白くない。ショックです」
武「西野カナの話をすると、人はつまらなくなる。でも、これは決してネガティブなことじゃないのかもしれません。ファンでさえ、その魅力を巧みに語れないって、すごくないですか？」
編「ファンでさえカナを語ることが難しい。それがちっともアップデートされない評論を許してしまっているのか……あ、もうこんな時間。すみません、そろそろ田代まさしの記者会見に」

この取材をおこなったのは、二〇一五年三月十八日の水曜日。男性上司が部下の女性二人の容姿を比較するかのような内容のLUMINEのCMが炎上したのはその二日後のことだった。炎上の二日前に「カナは109を捨ててLUMINEに移ったんです」という発言が出ていた事実は興味深い。

炎上したのはどんなCMだったか。シンプルな格好・メイクで出社する女性に男性上司が「なんか、顔、疲れてんなー」と指摘、「普通に寝ましたけど……」と返した女性を「寝て、それ？」と茶化す。続いて現れた巻き髪の女性に「髪切った？」「やっぱかわいいな〜」とニヤつく男性。最初の女性が「そうですね、いい子だし」と嫌々応じると、男性は「大丈夫だよ、吉野とは需要が違うんだから」と言い捨てて去っていく。

とりわけ腹立たしい「需要」という言葉。ふと、編集者との会話を思い出す。西野カナは109を捨ててLUMINEに移った、そんな彼女はシンプルな歌詞を歌い続け、真面目な日々をブログにアップし続ける。日頃話していて確かに面白いその人に「歌唱力がすごいのに、MCがキュート」とつまらない熱弁をさせてしまう西野カナ。「需要」の有無で女性をいじりながら、「変わりたい？　変わらなきゃ」で締め括ったLUMINEのCMの古臭い意識。西野カナは、そういう男性からの目線や分析を必要としないまま、「もう変わってますけど、何か」という最強の返答を作り上げていた。だからこそ、男性の分析が単純化し、つまらないことしか言えなくなる。

あんなのは稚拙だよ、と思っている人ほど、西野カナに翻弄されている。三十分では足りないと、何度も日程調整のメールを繰り返してようやく取材をセッティングできた三月十八日はたまたま西野カナの誕生日だった。原稿を書いている今、最新のブログを読んでそれを知った。編集者も気がついていなかったはず。僕たちは知らぬ間に西野カナにコントロールされている。彼女はその後、女の子の取り扱いについて歌った「トリセツ」という曲を出した。知らず知らず翻弄されている間に、あちらは法規を提出してきたのである。

安手のセクシーを引き受ける斎藤工は巧みだ

「理想の上司」アンケートの男性一位が松岡修造という事実は、この手のアンケートがいかに実態に即していないかを教えてくれる。「上司になったら定時に帰社させてくれなさそうな有名人」というアンケートがあれば、私は少ない友人たちの票を買収してでも彼に投じるように仕向けるが、こういったアンケート結果を現実的な議論に持ち込むと、「まぁまぁアンケートなんだしさ」とすぐさまなだめられてしまう。「理想の上司」女性一位を七年連続で守り続ける天海祐希が、何だかんだで旧態依然とした経営サイドに迎合したら、部下の何人かは退社を心に決めると思うのだが、「その点、どう思う？」と問い詰めても、「まぁまぁアンケートなんだしさ」と再びなだめられてしまう。「上司として尊敬していたのに何だかんだで経営側のポチになりそうな有名人」というアンケートも必要だろう。誰に投票するかは未定だが、私は票を再び買収する。

あるタイミングで集中的に、無節操に「セクシー」という声を浴びてきた斎藤工は、「セクシーってけっこう、適当な言葉だと思ってて……」(『情熱大陸』TBS系)と、自分に向けられる「セクシー」を分析している。自分が直接的にどのように見られているかを自らの感覚で捉え直し、そんなものは間接的な印象にすぎないと差し戻しているのである。イメージなんてその程度のものだという感覚を維持できているからこそ、「セクシー」「フェロモン」「抱かれたい」方面の言葉を悠々と引き受けられるのだろう。

みなさん、テレビの前で耳をそばだててみてほしいのだが、素の表情を捉えようと試みている密着映像のカメラに向かって、「こう見えて私……」「こう見えて自分……」と自ら前置きする人は多い。そうやって前置きして、一人カラオケに行ったり赤提灯の飲み屋に行ったりする意外性が強調される。こんなものに対して素直に「意外!」と思ってはいけない。天海祐希が実際に上司になった事態について事細かに議論されないように、こちらが投げるイメージなんてしょせんイメージ止まりなのだから、ならば、こちらのイメージをうまいこと利用する「こう見えて……」にうなずいてはいけない。なぜって、それこそ何一つ実態に即していないではないか。斎藤工という人は、イメージがしょせんイメージ止まりであることを熟知している人だ。だから、「こう見えて自分……」などとは強調しない。

世から放たれる「セクシー」を素直に引き受け続ける壇蜜にしろ斎藤工にしろ、「自分なんてすぐに消費されますよ、ブームなんて今だけですよ」とネガティブに繰り返してきた。こういうネガティブを含ませることでセクシーの成分における不倫臭が増幅されるのだが、壇蜜が

「殿方さま……」と自らその臭いをぐいぐい強めてきた一方で、斎藤は自ら強めようとはしない。ただただそういう役でブレイクしたから、流されるままにその臭いを維持してみせただけなのだ。「こう見えて自分……」と転回させることもしないので、安手の「セクシー」がどんどん積もり積もっていく。

福山雅治が「家族になろうよ」と歌う。最近の、いやこの十年の彼の所作からは、とにかく易々と消費してはいけないオーラが漂う。誰からなのかがわからないけれど、しっかりと受け止めなければダメですよと強制されている。「抱かれたい男ランキング」に選ばれ続けてきた福山だが、それはそれは下世話な雑談から派生する「カッコいい！　抱かれたい！」というシンプルな欲求を、喜んで受け付けてはくれなさそうな雰囲気が年々高まっていたし、彼の結婚はその雰囲気が事実として固まったことを教えてくれた。同性から眺めていると、あの格式張った伝わり方がそれなりに苦手だ。本人もその「格式張り」を嫌がりそうなものだが、そういう「嫌がりそう」な感じをやんわり伝えてくるハイテクを感じなくもない。その一方で斎藤工は、「逃避行」をテーマに、写真集『斎藤工　蜷川実花　京都編』『東京編』『箱根編（限定復刻版）』（ギャンビット）を刊行した。逃避行、つまり不倫。シンプルな「抱かれたい！」欲求に三冊も用意したのである。

ドラマ『昼顔』（フジテレビ系）で不倫カップルとして登場した、上戸彩&斎藤工、そして吉瀬美智子&北村一輝。俳優が不倫をする役に臨むと、先述した上戸彩が繰り返しそう報じられたように「新境地に挑戦」と謳われる。この四者のうち、キャリアからしてそもそも「境地」

が未確定だったのは斎藤だけだった。不倫役は「あえて引き受けて新境地と謳う」ためにあるのだが、斎藤だけは、ただただそういうオファーがあったから引き受けたのだろうと思わせる。それなりに時がたつ今もまだ、引き受け続けている。自分がどう見られるべきかについて、業界っぽい煩悶がない。

谷川俊太郎が一九五七年刊の『愛のパンセ』（実業之日本社）で浮気についてこう書いている。「浮気においては、男は女を征服しているべきである。だが、結婚においては、男は女に征服されていなければいけない。（略）妻の浮気については、私には語る自信がない。女には本質的に外というものがないから、女の浮気は多分闊達にはゆくまい」

半世紀以上前、二十代に書かれたエッセイだが、かの谷川俊太郎でさえ、なんだかとっても古い男女観に浸っていることに驚く。しかしどうだろう、「女には本質的に外というものがない」という設定は、ベタなドラマや映画ではまだまだ重宝されている。不倫する女の多くは、「本質的に外がない」印象を強めた形でドラマに投じられる。

シュタイナー学園に通っていた斎藤は、小学五年生時の自作ノートにこう記した。

「ひろいうみはおおうみで　おおきなへびはだいじゃです　ちいさいけれどおおきくて　せかいがすっかりはいるもの　それはわたしのこころです」

なかなかの名文である。『昼顔』のあとに彼が出ていたドラマ『医師たちの恋愛事情』（フジテレビ系）は、彼の「セクシー」を押し売りすれば数字が取れるのではないかと企んだだけのドラマだったが、彼は依然として律儀に流されていた。自ら監督業もこなし映画の上映会を主催するほどの無類の映画好きなのに、「んじゃあ、流行りの斎藤さんで、「恋愛×医者モノ」。これで一五パーセント狙いましょうよ！」という安易な会議で決まったとしか思えないドラマの設定を素直に引き受ける。その素直さがいまだに「本質的に外がない」印象をセッティングされるドラマのなかの女性と素直に合致する。

小さいけれど大きくて、世界がすっかり入るもの、それは私の心なのである。消費されることをいとわないスケール感、斎藤工は巧みだ。

いつの間にかPerfumeの理解者になってる感じ

みなさん、今日は
Perfumeのライブを
観に来たんですか…?

長嶋茂雄が、打撃フォームが崩れてスランプに陥っている選手のもとへ出向き、ジェスチャーを交えながら「〔腰を〕シュッ、スパッ〔と振り切る〕」という、擬音語メインというかオンリーのアドバイスをすると、選手の調子が本当に上向いたという。Perfumeのドキュメンタリー映画『We Are Perfume──WORLD TOUR 3rd DOCUMENT』を見ていたら、セットリストや細かい演出の変更点を申し出る際、あ〜ちゃんが、お客さんのこみ上げてくる気持ちを「グーッと」とか、この演出によって「バーンッと」などと擬音語を多用していて、実際にそれが採用されていく様は長嶋茂雄的だった。

ライブが始まる前に彼女たちは、三人で円陣を組みながら「頑張るぞ!」と四回繰り返す。繰り返したあとでしばし沈黙して集中力を高める。ハイタッチではなく沈黙。五郎丸のルーティーンでいうところの浣腸ポーズが整ったあとの数秒。海外ツアーを追いかけた映画には、このルーティーンの映像が毎公演差し込まれ、一定のペースで進行していく。アイドルの舞台裏を映画として伝える取り組みは、おおよそ〝過呼吸〟ぎみの編集で、見ているこちらを疲弊させる忙しい作りをしているが、彼女たちの映画は、ちょっと退屈になるくらい、こちらに負荷がかからないようにできている。

ファンが作る「わかる人にだけわかればいい」という縛りが強固なままの人たちではあるが、その強固を自覚した上で「みなさんもよろしければどうぞ」と外野に話しかけてほぐそうとする丁寧さが、当人たちによって反復される。結果的に、外野では「とにかく最新鋭」であることと「とにかく人柄がいい」という二点が更新され続ける。この二点はタッグを組むような同質性を持たないはずなのだが、彼女たちの場合、咀嚼しやすい形でこの二点が頒布され続ける。没頭具合は問いません、という信号を内側から送り続けており、「ファン」と「ファン以外」という区分けではなく、「ファン」と「ファンになってもらいたい人たち」と区分けして、平和な状態を築き上げるテクニックが突出している。

この連載の初代担当編集は希代のａｉｋｏ好きであり、自分の存在をａｉｋｏに気づいてもらうことを一義に何度もａｉｋｏ関連ネタを取り上げさせるという職権乱用を繰り返してきたことで知られるが、最近、ついに自分の名前をGoogle検索するとサジェストで「ａｉｋｏ」が表示されるようになったという。ａｉｋｏの名前を検索してもあなたの名前は出てこないのだから、この状態をストーキングと呼ぶのだが、ひとまずお喜びのご様子。若き新担当編集から「ライブ会場で先行販売していたので、もしよろしければお使いくださいませ」との丁寧な一筆を添えて、Ｐｅｒｆｕｍｅの書籍『Fan Service［TV Bros.］』（東京ニュース通信社）が一方的に送られてきたが、初代担当編集からの入れ知恵を感じる。とはいえ、この手の職権は乱用するべきだとも思うので、こちらは乱用を受容して素直に四百五十ページの大著を通読。すると、見計らったように「あ～ちゃんは語られすぎているので、のっちを軸にどうでしょうか？」との提案メール。この手の職権は乱用するべきだと思うので、素直にのっちを軸に考えていく。

「理想の休日の過ごし方」を円グラフで記すと、〇時から二十三時まですべての時間をこまめに書き込むのがあ～ちゃん。行動ごとにその時間を書き込むのがかしゆか。〇、六、十二、十八だけを記して適当に線を引っぱるのがのっちである。クリスマスメッセージを自筆で記す際、「クリスマス、心地よくほこほこ過ごせますように」などと汎用性が高いことを書くのがあ～ちゃん。「来年もあなたと笑顔で会えますように」と真面目なことを書くのがかしゆか。「どこのチキンがいちばんうまいか論争」とだけ書くのがのっちである。とはいえ、（『アメトーーク！』（テレビ朝日系）の「Ｐｅｒｆｕｍｅスゴイぞ芸人」でもそうだったが）この手のトリッキーが、「天然」「自然体」という言葉だけですまされていくのには違和感がある。

ドキュメンタリー映画での話。ある公演のオープニングで、スクリーンに映像が映らないトラブルに見舞われ、ステージ終了後、ファンにはおなじみの、ライブ演出を手がけるＭＩＫＩＫＯ先生が涙ながらに謝っている。三人ともすぐさま「気にしないで～」と優しく声をかけるが、一人だけ「残念やったけど」と静かに前置きするのがのっち。「Ｐｅｒｆｕｍｅなんて口パクじゃん」といつまでも繰り返される揶揄を踏んづけるつもりではないだろうが、レコーディング中に風邪を引いてしまったことを受けて「もう全然声出てなかったんです。でもエフェクトがかかったことによって、世の中に出せる歌になった」（前掲書）と清々しく投じるのものっちである。ファンは三人の絶妙なバランス感覚を隅々まで理解しているのだろうが、そんなのはどんなアーティストのファンにも共通すること。珍しいのは、外野から興味本位に少しだけ覗いても「バランスが絶妙」と理解できる仕組みにある。考えてみてほしい、私たちは、寺門ジモンの立ち位置を理解するまでに二十年かかったわけだ。このトリオの場合、ファンの外にも見事にバランスが共有されている。

お風呂に入りながら細木数子の本を読んだのっち、そこには「何もかもうまくいきません。人は離れていくし……そんなオーラの人と一緒にいたい人がどこにいますか？」と書かれていた。相変わらず非人道的なテキストを撒いていらっしゃるようだが、それらの指摘を前にしても「でも私が悪いってことは逆にあ〜ちゃんとかしゆかはすごいいい時期なはず」と返答。「地獄に堕ちるわよ！」というおなじみの理不尽をこのトリオは弾き飛ばすのだ。彼女らに定期的に向けられてきた「オトナたちに動かされているだけのお人形さん」的批判は年々鋭さを持たなくなっていくが、鋭さを失ったそれを何度でも投擲されてしまうのは、逆に言えば、それ以外の批判を新たに編み出せないからでもある。

「ファン以外からも見通せる感じ」は、いろんなことを防衛していると思う。若き編集担当は今回の映画の全国公開には反対だったそう。その理由を「最近、「モノを売るより、ストーリーを売れ」みたいな文句が流行ってますが、アーティストに「私たちこんなに頑張ってますよ」感を出されたら冷めちゃいますし、映画をやらなくてもその頑張りを見てる人は見てるので、どうか隠したままで突き進んでいってほしい」と熱弁する。ほら、こうして、内部の「頑張りを見てる人は見てる」をそのまま維持しながら、外部の「どうやらすごいらしい」をも維持していく。その後もパソコン画面を覆うほどの長文メールが何通か続いたが、それがａｉｋｏの前任者と比べて気持ち悪くならないのは、外部のこちらもいつの間にかＰｅｒｆｕｍｅの理解者になっているからである。

狂犬と強権を選択する加藤浩次

キャスターとして定着した加藤浩次を眺めながら、まさかこんな職種に移行するとは思わなかったと何度も感じるわけだが、職種というよりも、あれだけ「強引な人間」がこれだけ「中立的な人間」に転向したことにこそ驚く。芸能の世界では、職種の変更自体はいつだって強引におこなわれる。猫なで声のアイドルに天気予報を読ませる強引さ、キャスターとして座らされた女優が混迷を極める国際紛争について神妙な面持ちでコメントする強引さ。用意された型に体の形を合わせていくのがどこまでも巧いことが求められる。一方、お笑い芸人というのは、どの場でもやっぱり型を壊す職務に違いないから、職種を根本的に変えることは簡単ではない。映画監督や小説家など、別の表現方法で型を壊す仕事に励む芸人はいても、体ごと別のフォーマットにはめこんでいく仕事には慣れがない。

加藤の場合、相方・山本圭壱が芸能界を去らざるをえなくなるという強制的な欠損によって、

強引な移行をなじませていった経緯がある。『スッキリ!!』（日本テレビ系）のメインキャスターを務め始めたのは二〇〇六年四月のこと。わずか三カ月後、いよいよワイドショーの型に体を慣らしていこうとする頃合いで、山本が未成年の少女への性的暴行によって事務所を解雇されてしまう。コンビとしての活動は停止し、二人のために用意された番組や場所を、一人でこなす期間がしばらく続く。キャスターへの強引な移行の最中に、さらに強制的な引き算を食らう。まったく正反対の力点二つが、キャスターを無難にこなす中立的な加藤を素早く仕立てたことは間違いない。

ワイドショーは、正確なオピニオンよりも、扇情的な感想を求める。正論が煙たがられるわけではないが、正論に至るまでがどうやら長ったらしいとわかれば、煙たがられて急かされる。脂っこい主義主張を振りかざせば、即座に茶の間から「息苦しいです」と申し出られてしまう。昨年（二〇一五年）春まで加藤とともに『スッキリ!!』でメインを張っていたテリー伊藤やテリーと同様に退いた曜日コメンテーターの勝谷誠彦などは、その息苦しさが金属疲労を起こし、錆びたネジが弾け飛んで、辺りから迷惑がられていた。加藤は、これらの働きかけに便乗も迎合もしなかった。飛んでくる錆びた鉄をただただ避ける。例えば、勝谷の挑発的見解ならば、彼にある一定の時間を与え、見解を自由に放流させておきながら、気持ちよくさせたところで、「はい、勝谷さんによる挑発でした」という顔を作るだけで済ませようとした。

ほんの時たま、加藤は感情的に、それは違うんじゃないですかね、と歯向かっていく。誰かのＮＯに自分のＹＥＳをぶつける時、その勝率はやっぱり高い。相手の言葉を引き受けたように見せかけて、自分の言葉でひっくり返し、題材を自分寄りに引き寄せて終息させる。譲らないし、任せもしない。しかし、相手の意見は殺さない。テリー伊藤や勝谷誠彦といった極論に酔いしれる話者を生かす唯一の方法がこの転回方法だった。その後に改まったコメンテーター陣は、基本的には加藤の姿勢に迎合していく人材が多い。「それでも僕は中立」という姿勢をわざわざ示す必要にかられる場面が少なく、決まりきった平穏を次から次へと持ち運んでいく場面が目立っている。ハリセンボンの近藤春菜の加入による彼の変化はない。制作サイドとしては安定感抜群の加藤に任せておけば安心という算段だろうが、この人の安定感は、揺さぶる存在によって確認されてきたことに気づいていない。だから、揺さぶらない近藤は物足りない。『スッキリ!!』で加藤の隣に葉山エレーヌが座っていた時代の話だが、スタジオに登場したモモンガが葉山エレーヌのスカートのなかに潜り込むという珍事が起きた。大爆笑に包まれるスタジオ。テリー伊藤は面白いことをさらに面白くする義務感と目の前で女子アナがうろたえていることへの男性的興味からいつにも増して前のめりになり、葉山エレーヌの体をペタペタ触りながら「モモンガはどこだー、ここかー」とゲラゲラ笑っていた。加藤の笑顔は引きつっている。なかなかモモンガが出てこず、どうやら彼女の上半身へたどり着き、前だ後ろだと逃げ回っている間、彼は笑顔を固めたまま、この現状をどうするべきか、カメラの後ろにいるスタッフにも目を配りつつ、事態の収拾方法を探っていた。面白ければいいのだというテリーと、面白いのは確かだがこのままでいいとは思えないという加藤の差が画面から垣間見えた。

このような前例が教えてくれるように、加藤は常に気が利く。その利口さは話法にも反映されている。周囲と結託し、対象を面白い方向に転がす。転がしておいて回収する、その素早さがテクニカルかつ丁寧。話を帰着させるポイントも正確に見えている。終わらせどころに向かって一直線に突き進んでいくだけでは芸がないことも知っている。テリーのように、面白ければ行き着くところを変えてしまっても構わないという柔軟性など不要、との冷徹な判断も併せ持つ。小倉智昭や辛坊治郎などのワイドショーの顔が周囲に強いている「自分が法律」という進行は絶対にしない。

一直線ではなく、曲がりくねりながらたどり着く道筋を作る。こうして一文で済ますように書いてしまうといかにも安直な手法に思えるが、ワイドショーに出てくるコメンテーターが続々と毒にも薬にもならない平均値を垂れ流してくるなかで、緊張感のある毒を適切に撒いてさっさと撤収する、司会者としてこれができるのは加藤くらいのものではないか。

「強引な転向」と「強制的な引き算」。強い二つの力によって、キャスターという職務のプライオリティを引き上げざるをえなかった加藤は、不動の地位で「強権」を得た。その一方で、『めちゃイケ』（フジテレビ系）などではまだまだ「狂犬」に戻れる体制を辛うじて保有している。加藤が時折、山本の存在にわざわざ言及するのは、カンフル剤として、相方の存在を必要としている内心をちらつかせておきたいからだろう。

しかし、強権と狂犬をともに携えている加藤は、実はもう、一人であらゆる所作を完遂できるようになってしまった。つまり、山本はもう必要ない。蓄えられた強みにまだまだ無自覚なのか、わざと気づかないようにしているのか。おそらく後者だろう。この状態が続けば続くほど、世間は「もう必要ない」感を強めてしまう。そんななかで加藤には、何かとうまくいきすぎている、という贅沢なジレンマが長いこと横たわっている。

私は浅田舞に飽きてきたが皆様はどうか

年始に街へ出かけると「テレビばかりだと飽きちゃうよね」という声と「テレビ見ていても同じ人ばっかり出てきて飽きちゃうよね」という声を捕獲することができる。年が明けた二日に京王新線・幡ヶ谷駅構内でカップルから「テレビばかりだと〜」を捕獲、翌三日には南武線・武蔵溝ノ口駅付近の車内で女性たちから「テレビ見ていても〜」を捕獲することができた。

両方とも毎年繰り返される声だ。前者については考察の余地がない。テレビばかりなのはアナタの責任である。では後者はどうか。「同じ人ばっかり」に該当する人は毎年同じではない。番組を取り仕切る人材は年末年始にかぎらず不動だから、年末から年始にかけて必要以上に見かけた誰かがその不満を引っ張り上げている可能性が高い。二〇一四年から一五年にかけての年末年始で該当したのが新垣隆と浅田舞だった。いずれも能動型ではなく受動型の人物に見えるのだが、実はそれなりにアピールすることを忘れないという共通項もあり、「またかよ」感が立ちこめやすい。

今回は浅田舞に絞っていくことにするが、新垣にしても浅田にしても、その当人よりも奥に、あれこれ尋ねてみたい対象がいるという共通の構図がある。本人としては、新垣ならば音楽的才能、浅田であれば美貌やスタイルと、自覚している売り出しポイントを持っているのだが、周囲はそこをとにかくダッシュで駆け抜けて、意中の人物の議題にたどり着こうとする。新垣はそのダッシュを引き受けてしまうから、動揺した表情も含めて面白おかしく消費されていた。しかし浅田舞は、妹・浅田真央の話題まで一気に駆け抜けていこうとする番組の狙いを食い止める。ショートケーキのイチゴをいつ食べるか、最初か、途中か、最後か、番組側に決めさせない腕力がある。「真央は……」と終始ちらつかせながら、真央との大喧嘩や真央の好きな男性のタイプについて激白するタイミングを見計らっている。

長嶋一茂に長嶋茂雄の話を待望する濃度と、石原慎太郎に石原裕次郎の話を待望する濃度はまったく違う。二世は単純に馬鹿にされやすいが、兄弟／姉妹の間柄はたとえ倖田來未とｍｉｓｏｎｏであっても、わりかし慎重に取り扱われる。逆に言えば、当人のプレゼン次第で距離感を設定し続けることができる。自分の子供に対して、私が提示する距離感に従ってくださいとアピールしすぎると、辻希美や安藤美姫のように噛みつかれてしまう。不思議なもので、視聴者は「親→子」「子→親」と違って「兄姉→弟妹」「弟妹→兄姉」にはひとまずうなずこうとする。ところがここに「真央とは姉妹というより親友です」と加えられることで、心の内で密かに育まれていく違和感。しかしそれは、あくまでも見る側が処理しなければならない。「ってか、妹が有名なだけじゃん！」というチープな状態が、文句を投じた側のチープさとして跳ね返ってくる摩訶不思議。

安藤美姫が「Instagram」で新恋人と自分の娘との3ショットを公開するなど、（あえて死語を使えば）イケイケな交際をオープンにすると、フィギュア界から「見る人の夢を壊してはいけない。荒川さんや浅田真央選手にみられるような純潔さが理想です」（「Business Journal」）という声が上がったという。「荒川さんや浅田真央選手」とひと括りにすることに対しては、ルノアールの会議室を数時間貸し切って議論に臨む必要性を感じるが、ここに出てくる「純潔さ」には、日本テレビアナウンサー内定者が内定取り消しにあった際の「清廉性」と同様の本音がにじみ出ている。まさか「離婚・子持ち」の交際は純潔さが皆無とおっしゃるのでしょうか、と一応牽制。若い女性に「純潔」を期待する浅ましさに気づけないのは、会長自ら男子選手に無理チューしてきたスケート界だからなのかもしれないが、モラルのセンサーに触れまくる安藤と打って変わって、浅田舞については治外法権の雰囲気が漂う。男癖を開けっ広げにしてもグラビアを披露しても、「見る人の夢」に抵触しない。どうやら、純血は純潔に勝るようなのである。

浅田舞はいつも「ワタシ、今日は、ぶっちゃけます」という態度で番組に登場してくる。だから、番組は迂回したり直球で攻めたり作戦を選びながら、真央ネタに少しでも短時間でたどり着くことに専念する。その攻防が繰り返されるから、たった三回くらい見ただけで浅田舞に飽きてしまう。自身の結婚について、真央の言葉を援用して「ハーフハーフです」と答えるあの感じを受けて、浅田舞許容量がみるみるうちに満杯に近づいていく。真央へたどり着く途中で舞に立ち寄りすぎて、舞に飽きてしまう。現地で名物ラーメンを食べるつもりだったのに、パーキングエリアで天ぷらうどんを食べてしまった感じ。この地点での栄養補給は望んでいなかったのだが、という膨満感がさすがに表面化する。武蔵溝ノ口駅付近で女性たちから放たれた「テレビ見ていても〜」は、耳をそばだてると例示されていたのは有吉弘行などだった。いや、それは違うんだ。年末年始の「同じ人ばっかり出てるから」という心象ってその時々だけの存在に起因する。この年は新垣隆と浅田舞。もう私たちは、浅田舞が「彼にLINEして既読になって五分で返事がこなければ彼に電話する」ことまで知っているのである。新垣は出なくなったが、浅田舞に向かう膨満感、正月太りは、ダイエットするタイミングを逸したまま継続している。

「宮﨑あおいとかが好き」の正体

統計と呼べるほどのデータを蓄積させたわけでもないのだが、B'zファンに「音楽、何を聴いているの？」と問うと「B'zとか聴く」「わりと好きなのはB'zとかかなぁ」と答える。心から好きなくせして、対外的には「とか」とはぐらかすのである。中学時代、TOKYO FMで放送されていた松本孝弘のラジオをカセットで録音するほどにはB'zファンだったこちらは、その「とか」の理由がわからなくもない。大衆の面前で不特定多数に向かって、晴れやかにB'zが好きであることを宣言しにくいワケをいくつか挙げることはさほど難しくない。

彼らの音楽のいくつかが既存のロッククラシックスを露骨に模倣したものであること。そして、ピュアと言い切るにはさすがに青臭い歌詞世界が、さすがに年相応ではなくなってきたこと。いくつかのネガティブ案件の発生とその継続をファン自身も認知しているし、ファンはその上でファンを続けている。だからこそ、他者からの突っ込みには、ついつい身構えて「B'z

の「とか」という切れの悪い返しでこなそうとする。揉める気はない、だから苦肉の策としての「とか」を使う。

ファンであることを手放しで宣言できるタイプとそうではないタイプがある。例えば、この前の夏、茅ヶ崎駅に降り立つと、駅前では、やっぱりサザンオールスターズの曲が大音量で流れていた。うだるような暑さには、地元のスターが歌い上げる夏がピッタシ体に合う。数駅離れた平塚駅で降り、わりかし古びた地下道を歩いていると、安っぽいスピーカーからＴＵＢＥの曲が流れてきた。ＴＵＢＥファンには失礼ながら、この流され方は、先ほどのサザンと比べても、とてもＴＵＢＥっぽい。夏を彩る代表的な存在でありながら、駅前で大音量で流せるほどの承認を得ていない。ただし、その瞬間だって絶対的に夏は夏なのである。ＴＵＢＥは厳密にはBeingグループではないが、出自はB'zとも近しいところにある。一九九〇年代の音楽シーンをさらっと整理するならば、Beingブームのあとに小室ファミリーブームが舞い込んだ流れになるが、後者はいまでも、素直に懐かしむ対象としてもてはやされている。しかし、Being方面は、ファン以外にはすっかり咀嚼しにくいしこりになっていて、嘲笑の的にもなりやすい。亀田大毅の試合前に、彼が好きだったＴ―ＢＯＬＡＮの森友嵐士が「君が代」を歌った時などにその嘲笑の輪郭を熟知したファンは、その産物が年を重ねるにつれて増殖させているわだかまりを実感し続けている。好きで何が悪いと思いながらも、その可能性をリスクと判断し、先んじて「とか」とはぐらかす。

自分が「〇〇を好き」だと断言できるかどうかは、ファンとしての度合いは関係がない。あくまでも世間様の認知の具合による。端的に言い表すならば「サザンが好き」→「B'zとか好き」→「(いまだにT－BOLANを聴いているが)うーん、あまり音楽は聴かないかなぁ」になる。即答できる、煩悶ののちに答える、無言を貫く、この三段階だ。さて、ようやく宮﨑あおいについてだが、この人はしばらくの間、最も「好き」と即答しやすい存在だった。映画の主演作でいうならば『少年メリケンサック』(二〇〇九年)、『ソラニン』(二〇一〇年)、『神様のカルテ』(二〇一一年)辺りでの「即答感」は誰よりも強靭で、微動だにしなかった。「オレは〇〇が好き」と男性が女性を名指しする場合、男性側だけではなく女性側からも確かな認知が求められ、評価する性別がバランスよく拮抗している必要がある。男性側に体を傾けるアイドルでも、女性側に体を傾けるモデルでもない存在。

「森ガール」という果てしなく茫漠とした存在の象徴でもあった彼女。長年CMキャラクターを務めている「earth music&ecology」で見せてきた自然体の安定供給は、男女ともに体を傾けやすい存在としての役割を完遂していた。性別から稼働する、あるいは性別を希求する動きではないのに、両方の性別に親しみを与える所作が繰り返されていた。昨今では、石原さとみ「間接キスしてみ?」や広瀬すず「全部出たと?」に代表されるカウパー液狙いのCMも増えているが、彼女たちは男性から「自分はこんな人が好き」と言わせやすい態度を保ってきた。映画での配役も含め、そのバランスが巧妙に整えられてきた。

宮﨑あおいにしろ蒼井優にしろ、テレビ界よりも映画界に在籍している濃度を高めることで、執拗にバラエティに引っ張り出される機会がなくなる。今、女優と呼ばれる人の評価にはこの比重が大きく関わっていて、民放の連続ドラマの主演を務めようものなら、その局がルーティーンで回しているワイドショーやバラエティに朝から晩まで根こそぎ引っ張り出されることになり、ドラマよりもむしろ、それらの番組での振る舞いが問われる。軽部アナに耐えたり、ブラン娘に耐えたり、ズームインに耐えたりする。芸人が中心となるバラエティではほぼ確実に男性性の文脈で運営方法が策定されているから、男女への均等配分を維持してきた女優が出るとたちまちそのバランスが崩れかねない。「earth music&ecology」のCMで見せた中和する作法、映画という完成品のなかでの振る舞いを軸にする選択。これらを長いこと維持してきた彼女は、その手の男性性に埋没する機会を極力控え、バランスを堅持してくれたからこそ、こちらから「好き」とスムーズにアプローチしやすい存在で居続けた。

今現在、宮﨑あおいは、サザン的からB'z的への移行、つまり「宮﨑あおいとか好き」と、「とか」が入るようになってきた。離婚したりジャニーズアイドルとの熱愛が発覚したり、それを強い力で隠してもらったことによるダメージもあるのだろうけれど、「両性に体を傾ける」という本人および周囲の方策を根本的に見直そうとしたことも無関係ではない。彼女がクールな風貌で登場するシャンプーCLEARのCMでは、ビルの屋上で光沢のある黒のワンピースを着た彼女が、キリリとした顔つきで「私は「かわいい」から卒業する」と髪をほどき、「強さは美しい」と宣言する。アースを包み込むほどにエコロジーだったのに、ビルディングでストロングになってしまった。様々な狙いが絡み合っているのはわかるが、「とか」を付着させる導線の一つになった。

経年のなかで方向性を変えていくのは誰にとっても然るべき判断だとは思うが、万人にとって程よい距離感を巧妙に保っていた人が、露出の踏み出し方のさじ加減を誤ってしまった感は否めない。残酷なもので些細と思しき変化が「宮崎あおいが好き」から「宮崎あおいとか好き」への転化を呼ぶ。両性に体を傾けられる若手として松岡茉優や高畑充希らが台頭したことも大きい。全方向へ果敢に足を踏み入れる姿勢を見せる二階堂ふみの存在もある。すっかり変わってしまったわけではないのだけれど、こちらとあちらで相互管理していたはずの距離感が乱されてしまった。市場の慣れを「消費された」と勘違いして、よりベタな方向に踏み出されてしまうと、その相互管理を少なくとも他人には公言しにくくなってしまい、「とか」を使用することになる。

私自身、B'zが「ULTRA SOUL!」と叫んだ時点ではまだ「B'zが好き」と臆面もなく言えたのだけれど、「SUPER LOVE SONG」のサビで「SUPER LOVE SONG」とそのまんま連呼し始めた時辺りから、「B'zとか好き」に格を下げざるをえなかった。忸怩たる思いがあった。カリスマチックな人たちは、そしてその周辺は、革新よりも維持に時間をかけてきた。長年のファンである以上、下方修正はなかなかしないものなのだが、その維持の方法に誤りを見つければ、外へ公言する方法を変える。宮崎あおいとかが好き、に変わってしまった。

星野源が嫌われない理由を探しに

サマーソニックにEXILEファミリーが出ることになったと聞いたので、フジロックフェスティバルへ出かけた。フジロックという場所は、時たま菓子パンの空き袋を缶専用ゴミ箱に捨てたりしてきた人さえ、たちまち「ゴミを分別しないなんてありえないから」と言い出しかねないポジティブなオーラに包まれている。初めて出向いたのはもう十年以上も前のこと。当時、世の中のポジティブに対して押し並べて斜に構えていた青臭さ満開のこちらは、あちこちでお客さんがピースフルにシャボン玉を吹きまくっている状態を指さして、「石鹸を野に放ってたら、環境に悪くないか？」と声に出しては、同行者の顔を曇らせていた。

今、星野源は演じても、歌っても、書いても、しゃべっても、押し並べて認められるものを届けてくる。目立つ世界のなかに住む自然体は、往々にして不自然体を通り越した上でようやくたどり着くことが多いが、この人はどのジャンルに顔を出しても、いつも初っ端から自然体

を確立してくる。とりわけ文化系女子と括られる人たちから絶大な人気を得ている星野源。この数年、「北欧が好き」的なラフさで「星野源が好き」という宣言がいたずらにあふれてしまい、他人から「星野源辺りが好きなんでしょー？」とズバリ当てられることを煙たがる人が一定層生まれているのを察知する。その一定層はひとまず「そうでもないけど、結構好きだよ」と答えることも私は知っている。

フジロックでのライブが、彼のライブを見る初めての機会になった。十年以上前、「石鹸撒いてたら環境に悪い」と漏らしてひんしゅくを買ったように、何をやっても全肯定されている星野源に挑んでこいと、誰からともなく背中を押されたわけである。メインステージに登場した星野源を、熱狂するファンとちょっとだけ距離をとったやや後方から、腕組みしながら見る。「しっとりした曲をやるのでカップルの人はセックスを始めてください。それで子供ができたら、「源」って名前にしてください！」と快活にしゃべり始める。組んだ腕をほどいて、手を叩いて素直に笑う私。

対談集『星野源雑談集1』（マガジンハウス）でみうらじゅんが星野に言う。「文化系のやり口って基本、覗き見でしょう？　文化系と書いて「のぞきみ」ってルビを振るジャンルの人たち」。別ページでは星野が「「えー、草食系の星野源さんですが……」みたいなこと言われると「殺す！」って怒ってた」と語る。「自分はエロ本を空き地へ探しに行ったぎりぎりの世代」だと分析されてしまえば、年が一つしか違わないこちらはすっかり、そうそう、そうなんだよと素直に同調する。

サマーソニックはクリエイティブマン、フジロックはスマッシュ、それぞれのフェスを運営する会社として音楽好きの基礎情報として認知されている。それなりのステータスとして揺らがないフジロックだからこそ、ミュージシャンがステージ上で「スマッシュ、呼んでくれてありがとう！」と感謝を述べる場面を時折見かける。しかし、フジロックの企画・制作は実はスマッシュだけではない。ホットスタッフ・プロモーション、DOOBIEを含めた三社だ……ということを、この場に呼んでくれてありがとうと三社を並列して謝辞を述べた星野源のMCを聞いて初めて知った。「サンキュー、スマッシュ！」は何度も聞いてきたが、三社を丁寧に並べるMCを聞いたのは初めてのことだった。

自然体と丁寧は、混じり合いにくいが、相反はしない。もしも「自然体＋丁寧」という足し算を出されたならば、その解答は「嫌われない」ではないかと、さんさんと照る太陽に負けない笑顔で新曲「SUN」などを楽しげに歌う星野源を見ながら思った。つまりすっかり魅了されたわけだが、フジロックの時だけゴミの分別にうるさくなってしまう習性に鑑みれば、帰京してフジ特有のポジティブオーラを振り払った上で邪念を持ち出してみる必要もあった。だがしかし、帰京しても、注ぎ込む邪念が見当たらないので困ってしまう。

こうなると唯一思い浮かぶ方法が、邪念のアウトソーシングだ。本書では、当時の連載担当編集が強烈なａｉｋｏ好きという理由だけで二度も彼女を取り上げてきたが、星野源に向かう邪念があるとするならば、「ａｉｋｏと交際中」という噂の周辺に違いない。「ご無沙汰です。ところで星野源についてなんですが……」とメールを送る。案の定、釣り糸を噛みちぎらんばかりの獰猛な勢いでメールが返ってくる。

「ソロの音楽はあんまり聴いたことないですけど、森山直太朗となにが違うのかよくわかりません」と、見事に敵だけを増やしそうな挑発で牽制してくる。「彼女自身がもつ恋愛思想に対しては、なまなかなことでは向き合うことはできません。aikoの世界の深層と向き合うには、彼女に準じる狂気を備えないと当然破綻をきたします。aikoと星野源が別れたということは、いかなサブカル王子でもしょせんは凡人だったことが証明されたということです」と、別れたとの確信に基づく一方的な分析をよこしてくる。フジロックで体感したポジティブが残存しているこちらは、ああやっぱりアウトソーシングしてよかったと我が判断に安堵したわけだが、彼がずっと主張している「aikoの歌詞って、ストーカー体質」との分析は、先ほど引用した星野とみうらの対談にあった「文化系って覗き見」とまったく一緒とも思え、これはまさか「二人はお似合い」と公言する結果になってはいまいか。

小学校の卒業文集の「将来なりたい職業」に「柄本明」と書いた星野源、『あいのり』(フジテレビ系)に出てくる若者を「恋愛にうつつを抜かしてチャラチャラしている(偏見)いけ好かない若者たち」と書いた星野源(いずれも『そして生活はつづく』マガジンハウス)。偏屈な見方で仮想敵への戯言を繰り返し、それをエネルギーとして備蓄している私のような人間たちときわめて近くにいるのに、そこへ定住せずに、あちこちのフィールドへ出かけて、丁寧に振る舞い、評価を得て、帰ってくる。こうなると、住まう場所がどうやら遠くないこちらはもう、何も言うことができなくなる。お疲れさまです、くらいだ。「森山直太朗となにが違うのかよくわかりません」なんて言えない。自分と近しい考えを持っている人、と何だかとっても偉そうな分析をしても「ありがとうございます」と笑顔で返してくれそうな佇まいを前に、すっかり黙り込む。これはマズいことになった。

あとがき

「エピゴーネン」（思想・芸術上の追随者・模倣者を軽蔑していう語／『広辞苑』）という言葉は、もはや「ナンシー関の……」という枕詞とセットで使われることが前提になりつつある。「芸能人について斜めから斬ったコラム」は、映画や音楽や文学のように、オマージュやインスパイアやリスペクトといったフリー素材のような横文字言葉を駆使して、先駆者と自分を自由気ままに紐付けすることができない。

本書に収録した原稿がネットに掲載された時の反応を覗くと、案の定、一撃必殺のつもりで「ナンシー関のエピゴーネンじゃん」と放たれているのを何度か見かけた。しかしながらこちらにダメージはなく、むしろ、ナンシー関を尊敬してやまないからこそ、エピゴーネンと呼ばれることすらはばかられる。端的な言葉をこしらえるわけではなく、迂回に迂回を重ねていく手法でまさぐっていくのだから、ナンシー関の鋭利や瞬発と比較できるはずがない。本書についての「Amazon」に低評価を書き込む際は、どうぞその点にご留意いただきたい。

本書はデジタルコンテンツ配信プラットフォーム「cakes」で二〇一四年から連載している

「ワダアキ考――テレビの中のわだかまり」から選りすぐった一冊である。書籍化にあたってメインタイトルを変更したのは、以前出演したラジオ番組で「武田砂鉄さんは現在cakesで和田アキ子を連載しており……」と紹介された後に生じた誤解をほどくための少々の時間がいたたまれなかったからで、「はじめに」で力強く記した、ヴォルテールの名言のくだりから導き出した「寛容」というテーマはもちろん後付け。しかし後付けながらそんな気がしたのは確かなので、その点はどうぞ寛容に願いたい。連載は現在も続いており、そうなるとざわちんを外して寺田心を入れたほうが良かったのではないか、をはじめとした後悔が既に湧き立っている。

各方面に御礼を。昨年末のａｉｋｏのカウントダウンコンサートの模様を実況ツイートして会場外のファンたちから「謝れ」と凄まれて謝った連載担当、ピースオブケイクの大熊信さん。「乃木坂46の橋本奈々未はインタビュー取材だと他のメンバーのエピソードを補足するほど積極的に話す」という要らぬ情報を植え付けて退社された加藤浩さん。イラストを描いてくださったハセガワシオリさんにはまだお会いしたことがないのですが、仄かな悪意を込めたことがわかるイラストが特に好きです。本書を編集してくださった青弓社・矢野未知生さんには本書の刊行を何年もお待たせしてしまいました。最初にいただいた企画書を引っ張り出してみたら、「小雪」「市原隼人」「石川遼」といった名前が並んでおり、時の経過を感じつつ猛省しているのですが、あらためて市原隼人で書いてください、と言われれば書く用意はありますし、書き始めてやはり難しいようならば高橋克典について書こうと思います。

二〇一六年七月十五日

武田砂鉄

本書は「cakes」に二〇一四年から連載中の「ワダアキ考——テレビの中のわだかまり」の記事を厳選し加筆・修正して、書き下ろしを加えたものである。

書き下ろし原稿
「堂本剛と向き合いたい気持ちはあるけれど」
「マツコ・デラックスは毒舌ではないのだし」
「中山秀征はテレビ離れを食い止める」
「狂犬と強権を選択する加藤浩次」
「「宮崎あおいとかが好き」の正体」

［著者略歴］
武田砂鉄（たけだ・さてつ）
1982年生まれ。ライター。東京都出身。大学卒業後、出版社で主に時事問題・ノンフィクション本の編集に携わり、2014年からフリー。15年、『紋切型社会——言葉で固まる現代を解きほぐす』（朝日出版社）で、第25回「Bunkamura ドゥマゴ文学賞」を受賞。16年、第9回「（池田晶子記念）わたくし、つまり Nobody 賞」を受賞。「cakes」「文學界」「NEWSWEEK」「VERY」「SPUR」「Quick Japan」「暮しの手帖」「SPA!」などで連載を持ち、インタヴュー、書籍構成なども手がけている。
website: http://www.t-satetsu.com/
Twitter: @takedasatetsu
mail: info@t-satetsu.com

芸能人寛容論《げいのうじんかんようろん》　テレビの中のわだかまり

発行………2016年 8 月10日　第1刷
　　　　　2016年10月17日　第2刷
定価………1600円＋税
著者………武田砂鉄
発行者……矢野恵二
発行所……株式会社青弓社
　　　　　〒101-0061 東京都千代田区三崎町3-3-4
　　　　　電話 03-3265-8548（代）
　　　　　http://www.seikyusha.co.jp
印刷所……三松堂
製本所……三松堂

ISBN978-4-7872-7391-8 C0074

太田省一

中居正広という生き方

アイドル・アーティスト・MCなど多面的な表情をもち、「一流の素人でありたい」という中居正広の魅力に、ヤンキー、笑い、野球、エンターテインメントといった視点から迫る。 **定価1400円＋税**

太田省一

社会は笑う・増補版

ボケとツッコミの人間関係

テレビ的笑いの変遷をたどり、条件反射的な笑いと瞬間的で冷静な評価という両面性をもつボケとツッコミの応酬状況を考察し、独特のコミュニケーションが成立する社会性をさぐる。 **定価1600円＋税**

黄菊英／長谷正人／太田省一

クイズ化するテレビ

啓蒙・娯楽・見せ物化というクイズの特性がテレビを覆い、情報の提示がイベント化している現状を、韓国の留学生が具体的な番組を取り上げながら読み解く「テレビの文化人類学」。 **定価1600円＋税**

飯田 豊

テレビが見世物だったころ

初期テレビジョンの考古学

戦前の日本で、多様なアクターがテレビジョンに魅了され、社会的な承認を得ようと技術革新を目指していた事実を照らし出し、忘却されたテレビジョンの近代を跡づける技術社会史。 **定価2400円＋税**